Wolfgang Fichter, Udo Willy

Information Management

Organisation und Abbildung von Informationen in eine

I0003410

Bibliografische Information der Deutschen Nationalbibliothek:

Bibliografische Information der Deutschen Nationalbibliothek: Die Deutsche
Bibliothek verzeichnet diese Publikation in der Deutschen Nationalbibliografie;
detaillierte bibliografische Daten sind im Internet über http://dnb.d-nb.de/ abrufbar.

Copyright © 1997 Diplomica Verlag GmbH
Druck und Bindung: Books on Demand GmbH, Norderstedt Germany
ISBN: 9783838606873

http://www.diplom.de/e-book/216615/information-management

Wolfgang Fichter, Udo Willy

Information Management

Organisation und Abbildung von Informationen in einer Intranet-Umge-bung

Diplom.de

Wolfgang Fichter
Udo Willy

Information Management
*Organisation und Abbildung von Informationen
in einer Intranet-Umgebung*

**Diplomarbeit
an der Fachhochschule Furtwangen
September 1997 Abgabe**

Diplomarbeiten **Agentur**
**Dipl. Kfm. Dipl. Hdl. Björn Bedey
Dipl. Wi.-Ing. Martin Haschke
und Guido Meyer GbR**

**Hermannstal 119 k
22119 Hamburg**

agentur@diplom.de
www.diplom.de

ID 687

Fichter, Wolfgang, Willy, Udo: Information Management: Organisation und Abbildung von
Informationen in einer Intranet-Umgebung / Wolfgang Fichter, Udo Willy · Hamburg:
Diplomarbeiten Agentur, 1998
Zugl.: Furtwangen, Fachhochschule, Diplom, 1997

Dipl. Kfm. Dipl. Hdl. Björn Bedey, Dipl. Wi.-Ing. Martin Haschke & Guido Meyer GbR
Diplomarbeiten Agentur, http://www.diplom.de, Hamburg
Printed in Germany

Diplomarbeiten Agentur

Wissensquellen gewinnbringend nutzen

Qualität, Praxisrelevanz und Aktualität zeichnen unsere Studien aus. Wir bieten Ihnen im Auftrag unserer Autorinnen und Autoren Wirtschaftsstudien und wissenschaftliche Abschlussarbeiten – Dissertationen, Diplomarbeiten, Magisterarbeiten, Staatsexamensarbeiten und Studienarbeiten zum Kauf. Sie wurden an deutschen Universitäten, Fachhochschulen, Akademien oder vergleichbaren Institutionen der Europäischen Union geschrieben. Der Notendurchschnitt liegt bei 1,5.

Wettbewerbsvorteile verschaffen – Vergleichen Sie den Preis unserer Studien mit den Honoraren externer Berater. Um dieses Wissen selbst zusammenzutragen, müssten Sie viel Zeit und Geld aufbringen.

http://www.diplom.de bietet Ihnen unser vollständiges Lieferprogramm mit mehreren tausend Studien im Internet. Neben dem Online-Katalog und der Online-Suchmaschine für Ihre Recherche steht Ihnen auch eine Online-Bestellfunktion zur Verfügung. Inhaltliche Zusammenfassungen und Inhaltsverzeichnisse zu jeder Studie sind im Internet einsehbar.

Individueller Service – Gerne senden wir Ihnen auch unseren Papierkatalog zu. Bitte fordern Sie Ihr individuelles Exemplar bei uns an. Für Fragen, Anregungen und individuelle Anfragen stehen wir Ihnen gerne zur Verfügung. Wir freuen uns auf eine gute Zusammenarbeit

Ihr Team der *Diplomarbeiten* Agentur

Dipl. Kfm. Dipl. Hdl. Björn Bedey —
Dipl. Wi.-Ing. Martin Haschke ——
und Guido Meyer GbR ————

Hermannstal 119 k ————
22119 Hamburg ————

Fon: 040 / 655 99 20 ————
Fax: 040 / 655 99 222 ————

agentur@diplom.de ————
www.diplom.de ————

ABSTRACT

Eine wesentliche Herausforderung an den unternehmensweiten Einsatz von Informations-Technologien ist die Entwicklung einer logischen Organisation der angebotenen Informationen. Während sich das Internet weiterhin durch kreatives Chaos auszeichnet, verlangen Lösungen im Intranet ein klares Management des „Rohstoffs" Information.

Dieses Management soll dem Benutzer eine Übersicht über das Informationsangebot geben, seine Beiträge in die bestehende Struktur einordnen und seine Suchwünsche erfüllen. Gleichzeitig soll die Dynamik des Mediums erhalten bleiben, verschiedene Sichtweisen auf die Informationen unterstützt und die Kreativität nicht durch starre Vorgaben eingeschränkt werden. Was benötigt wird, ist ein Rahmen, der sowohl bestehende Ressourcen ordnet als auch eine offene Architektur für Erweiterungen bietet. Dabei ergeben sich drei Themenkomplexe, die sachlich und zeitlich aufeinander aufbauen:

In einem ersten Schritt wird der Begriff der **Information** und seine Bedeutung in der betrieblichen Realität näher behandelt: welche Anforderungen werden an Informationsbeschaffung, -speicherung und -retrieval gestellt? Sind diese Anforderungen bereits erfüllt oder existieren Lücken? Die Wissenschaft hat für diese Problem- und Aufgabenstellung ihren eigenen Begriff: **Information Management**. Die Arbeit vermittelt einen Überblick darüber, was sich aktuell hinter diesem und anderen Schlagwörtern im Umfeld verbirgt.

Der zweite Themenkomplex widmet sich den konzeptionellen Eigenentwicklungen der Arbeit. Im wesentlichen sind das **Business Information Model** und das **Information Framework** zu nennen. Das Business integriert die zur Beschreibung von Information notwendigen Entitäten, wie z.B. Benutzerrollen, Träger, Relevanz oder Zeitkomponenten. Dabei verfolgt das Modell die Zielsetzung, jedes existierende „Piece of information" abbilden zu können sowie für zukünftig neue Typen offen und erweiterbar zu sein. Probleme wie das Erfassen von ausreichend „Metadaten" oder die spätere Wiederauffindung der Informationen spielen eine entscheidende Rolle. Die Stabilität der Architektur wird durch Use Cases untersucht. Die Beispiele behandeln möglichst viele Arten von Information (z.B. elektronisch, in Papierform, in sich selbst geschachtelt, usw.).

Das Framework wiederum geht auf die einzelnen Teildisziplinen des Information Management näher ein und gliedert sie. Es ist der erste Schritt zu einer späteren Realisierung eines Informationssystems und beschreibt eingehender, welche Aspekte des Modells wie und wodurch umgesetzt werden. Als Ausgangsbasis zur Implementierung bietet der Rahmen gleichzeitig die Möglichkeit zur Evaluation bestehender Lösungen.

Der dritte Teil bildet den technischen Schwerpunkt der Arbeit. Hier wird untersucht, wie die Konzepte implementiert werden können. Die Realisierung der Informationsarchitektur auf Basis von Lösungen wie Java oder objektorientierten Datenbanken im Intranet steht hier im Vordergrund - das Information Framework bietet dabei Orientierung. Der Prototyp „IRMA" (Information Retrieval and Management) demonstriert das Potential des Ansatzes und veranschaulicht als konkretes Beispiel die Integration aktueller Technologie.

VORWORT

Die vorliegende Diplomarbeit wurde im Sommersemester 1997 in Zusammenarbeit mit der Research-Abteilung der SYSTOR AG erstellt. Wir hatten in dem zur Verfügung gestellten „Lab" in Zürich optimale Arbeitsbedingungen, Infrastruktur und einen guten Kontakt zum Kern der Abteilung in Basel. Das kompetente Team war immer ansprechbar, lieferte Ideen, Vorschläge und Kritik und trug wesentlich zum Gelingen der Arbeit bei. Dabei wollen wir den folgenden Mitgliedern und Personen besonders danken:

Allen voran unseren beiden Betreuern Andreas Ehret und Prof. Manfred Bues. Mit ihrer unbürokratischen Art, ihrer hervorragenden Sachkompetenz und ihren Beiträgen bzw. Kritik zum Thema waren sie eine große Hilfe. Besonders Andreas Ehret hat sein volles persönliches Engagement in die Arbeit gebracht und unermüdlich neue Perspektiven aufgezeigt - ein maßgeblicher Faktor für die thematische Breite der Arbeit. Obwohl die direkte Kommunikation durch die Entfernung behindert war, ist ihr Ergebnis immer fruchtbar gewesen. An dieser Stelle sei auch unser Abteilungsleiter René Schwarb erwähnt, der nicht nur in administrativen Problemen hilfreich zur Seite stand, sondern auch mit seinen berüchtigten „Killerfragen" effizient und nachdrücklich die Designschwächen des ersten bis ca. 25. Modellentwurfs offenbarte.

Dem restlichen Team sei für seine große Unterstützung und seine Resistenz gegen die „POI-Flut" gedankt, mit der wir es in jedem Meeting überschüttet haben: Christoph Sutter für den Support in Datenbank- und OO-Fragen sowie seinen hervorragenden FISH-Gedanken; Arthur Neudeck für all die Hilfe bezüglich Java und seinen Entwicklungsumgebungen sowie für die Abteilungsparty in Gundelfingen; Regula Nebel für ihre Erfahrungen mit der ARS-News DB und FSOM; Thomas Grotehen für den Durchblick bei Singletons und Abstraktion; Walter Kriha für die Sicht aus dem theoretischen Elfenbeinturm; Bernhard Bichmann und Stefan Mayer für ihre regelmäßigen Hinweise auf Unterhaltsames im Web; und last but not least, Federica Toscani, unsere Kollegin in Zürich, die uns italienische Schimpfworte lehrte und auf regelmäßige Nahrungsaufnahme unsererseits achtete.

Zürich, 19.09.1997   Wolfgang Fichter und Udo Willy

INHALTSVERZEICHNIS

ABBILDUNGSVERZEICHNIS

TABELLENVERZEICHNIS

LISTINGVERZEICHNIS

1 EINLEITUNG

„In an economy where the only certainty is uncertainty, the one sure source of lasting competitive advantage is knowledge." [CRO96, 143] Diese Aussage von Crowe veranschaulicht deutlich ein Dilemma heutiger Unternehmen: Im Zeitalter sich rasch verändernder globaler Märkte, der daraus resultierenden verschärften Konkurrenzsituation, der Datenautobahn und der virtuellen Haustiere ist Wissen ein wertvolles aber schwer greifbares Gut. Rohstoffe kann man kaufen, um ihren Volumenpreis handeln und sie beliebig von Ort zu Ort transferieren. Funktioniert dies auch mit der Ressource Wissen? Was unterscheidet sie überhaupt von Information? Dies sind nur wenige der Fragen, die sich aufdrängen und sich scheinbar nur philosophisch beantworten lassen.

Die Welt der Information: Wo wir auch hinblicken wird sie uns vermittelt. Nicht umsonst wird unsere Gesellschaft eine Informationsgesellschaft genannt. Ob durch das Fernsehen, Radio, Werbung, durch Gespräche oder durch das Internet, wir werden ständig mit Informationen überflutet.

Was bedeutet Information? Die Fachwelt hat sich nicht auf eine eindeutige Definition des Begriffs Information geeinigt. Eine einfache, aber doch plausible Definition bietet Lehert:

„Any kind of knowledge about things, facts, concepts, etc. of a universe of discourse that is exchangeable among users." [LEH91, 22] Kann also Information demnach als jede Art von Wissen, das austauschbar ist, angesehen werden? Diese Frage sei hier offen gelassen, sie wird jedoch in der vorliegenden Arbeit eine zentrale Rolle spielen.

Durch die ständige Informationsüberflutung werden zwangsläufig neue Probleme aufgeworfen. Wie können aus der immensen Flut von Informationen die ein bestimmtes Problemfeld betreffenden Informationen herausgefiltert werden? Wie können irrelevante Informationen von relevanten unterschieden werden? Wie werden bewiesene Informationen, also objektiv richtige, von falschen oder von Thesen unterschieden? Wie können diese Informationsmassen abgelegt werden, so daß man sie aktualisieren, verändern und wiederfinden kann?

Sind diese Fragestellungen heute für den privaten Bereich größtenteils noch zu beantworten, so werden in der betrieblichen Realität durch die ständige Spezialisierung der Arbeitsplätze andere Anforderungen gestellt: Für ein modernes Unternehmen ist es heute schon unverzichtbar, ein aktives Information Management zu betreiben.

An diesen Problemen wird auf verschiedenste Art und Weise gearbeitet. Durch das Internet oder Intranet und deren beinahe nicht zu bewältigenden Informationsmengen sind diese Themenkomplexe aktueller als je zuvor.

Ein Ansatz bietet das Information Retrieval. Es versucht durch Suchalgorithmen die gewünschten Quellen zu finden. Dabei werden die Informationen bzw. Dokumente verarbeitet und in Indexen gespeichert. Im Internet spiegelt sich das in den verschiedenen Suchmaschinen wie z.B. Yahoo, Metacrawler oder Lycos wieder. Wie unzureichend diese Suchmaschinen heute noch sind, hat jeder der im WWW auf der Suche nach einer komplexen Auskunft war, schon am eigenen Leibe erfahren. Es wird aber ständig an der Verbesserung der Indizierung gearbeitet, um so Qualität statt Quantität zu produzieren.

Bei den Retrieval Systemen werden vorhandene Informationen erfaßt. Ein anderer Ansatz geht von der Datenbankseite aus. Er versucht, die in einer oder mehreren Datenbanken vorhandenen Informationen zu kategorisieren, indizieren und zu ordnen. Durch die Komprimierung der Daten werden neue Informationen geschaffen.

Beide Ansätze behandeln jeweils nur ein kleines Feld des Information Management. Um allen Anforderungen gerecht zu werden, muß das unter einer Datenbank liegende Modell dem gewünschten Ziel, der Informationsverarbeitung gerecht werden. So genügt es keinesfalls, ein Dokument durch einen Algorithmus untersuchen zu lassen, und sei er noch so ausgefeilt. Diese Funktionen sprechen auf Syntax und nicht auf Semantik an. Gerade Informationen, die nicht explizit im Text, sondern sozusagen zwischen den Zeilen stehen, sind von größter Bedeutung. Ist ein Dokument beispielsweise nur ein Entwurf? Für welche Art von Leser mit welchem Know-how ist es relevant? Erst durch diese Zusatzinformationen wird ein Dokument beurteilbar.

In absehbarer Zukunft ist eine Organisation und Strukturierung von Information nicht durch reine Retrievalmechanismen zu ersetzen - erst wenn die Modellierung einer der menschlichen Denkweise ähnelnden künstlichen Intelligenz erreicht wird. Heutzutage hat Retrieval eine unterstützende und die Handhabung vereinfachende Funktion.

Zudem kann ein Informationssystem nicht ausschließlich als reines Dokumentensystem angesehen werden. Informationen, wie oben definiert, sind äußerst heterogener Natur. Dies umfaßt neben Dokumenten auch Projekte, Personen oder Veranstaltungen, um nur einige zu nennen. Eine Lösung, die dem Anspruch eines Informationssystems und dem damit zusammenhängenden Information Management gerecht werden will, muß möglichst jegliche Art von Informationen ablegen und verwalten.

Hier setzt die Diplomarbeit an: bei der Entwicklung eines Konzepts zu Information Management, seiner Übertragung auf ein Informationssystem mittels eines Frameworks und einer Demonstration der Tauglichkeit des Ansatzes durch einen Prototyp:

- ◆ Das **erste** Kapitel gibt dabei einen Überblick der gesamten Arbeit und beschreibt die einzelnen Kapitel, ihre Einordnung in das Gesamtkonzept und damit den roten Faden.

- ◆ Kapitel **zwei** erarbeitet die theoretischen und wissenschaftlichen Grundlagen für ein weiteres Vorgehen. Es enthält fundierte, aktuelle Information zu verschiedenen relevanten Aspekten des Themenkreises Information Management und stellt sie im Zusammenhang heutiger betrieblicher Realität dar.

- ◆ Durch das **dritte** Kapitel wird das Business Information Model erläutert, der zentrale, eigenentwickelte und konzeptionelle Ausgangspunkt für die weiteren Abschnitte. Das Modell ist dabei in die Metaebene einzuordnen und besitzt einen starken geschäftlichen Kontext.

- ◆ Das **vierte** Kapitel setzt die gewonnenen Erkenntnisse des Business Information Models in ein konkretes Framework um. Dieses Framework bezieht sich auf die Aspekte einer Umsetzung des Modells durch ein Informationssystem.

- ◆ Kapitel **fünf** widmet sich den Charakteristiken des Prototyps und der technischen Realisierung allgemein. Alternativen für die Implementierung werden ebenso beschrieben wie zentrale Features der eingesetzten Technologie.

- ◆ Den Abschluß bildet Kapitel **sechs**. Es beinhaltet die Ergebnisse der Diplomarbeit, ihren Verlauf sowie einen Ausblick in die Zukunft des Information Management und das Erweiterungspotential des Prototyps.

Der Anhang rundet das Dokument mit zusätzlichen Informationen ab, die in ihrem Umfang den Rahmen des Kernteiles überschritten hätten.

2 INFORMATION ALS RESSOURCE

„Digital documents are being created at a rate that demands that they be managed as an enterprise resource." [BAI95] Diese Aussage von J. Bair bezüglich digitaler Dokumente läßt sich auf Information im allgemeinen übertragen:

> [We are entering a] third period of change. The shift [is now] from the command-and-control organization, the organization of departments and divisions, to the information-based organization of knowledge specialists. [CRO96, 143]

Die Veränderung in den Unternehmen läßt sich vor allem an der Vielzahl der Bereiche erkennen, in denen Forschung und Entwicklung für Information Management betrieben wird. Dieses Kapitel vermittelt eine Einführung in diesen Themenkomplex. Dabei steht thematische Breite sowie die Sensibilisierung des Leser auf die entsprechende Problematik im Vordergrund. Die Vertiefung und Spezialisierung erfolgt später in den Hauptkapiteln der Arbeit. Um bei der Vorstellung der Konzepte nicht nur theoretisch zu argumentieren, werden exemplarisch Beispiele aus dem jeweiligen Bereich dargestellt. Sie dienen dazu, die Anwendungsmöglichkeiten des Themengebietes zu verdeutlichen, und einen Bezug zur betrieblichen Realität herzustellen. Für detaillierte Abhandlungen ist an entsprechender Stelle auf weiterführende Literatur verwiesen.

2.1 Begriffsabgrenzung

Bereits in der kurzen Einführung wurde eine Vielzahl unterschiedlicher Begriffe im Zusammenhang mit Information benutzt. Um diese auseinanderzuhalten, abzugrenzen und Mißverständnissen vorzubeugen, sind sie einzeln erläutert und definiert. Im folgenden werden die Begriffe dazu verwendet, verschiedene Sachverhalte zu beschreiben:

Daten (Data):

> Data are representation forms of information, i.e., representation of things, facts, concepts in a formalized manner, suitable for communication, interpretation or processing by humans or by automatic means. [LEH91, 13]

> *Data* are invariances with potential meaning to someone who can interpret them. [HIR95, 12]

Laut dieser Aussagen bilden Daten die Grundlage der Information, denn sie bilden Informationen ab. In einer Hierarchie sind sie als Basis einzuordnen. Daten stehen selbst in keinem Zusammenhang. Ein Beispiel für ein Datum ist: „31.07.72".

Information:

> Data in a context. [BRU92, 30]

> In everyday usage „information" means message, advice, meaning or idea. The term „information" refers to a semantic and a pragmatic aspect:
> - semantic aspect: Every information must have a meaning connected with the environment
> - pragmatic aspect: The pragmatic aspect describes the intention, use and the value of information relating to the individual, which is generating or receiving informations. [LEH91, 58]

Information umfasst eine Nachricht zusammen mit ihrer Bedeutung für den Empfänger. Diese Bedeutung kann darin bestehen, daß ein Mensch der Nachricht einen Sinn gibt, oder die Bedeutung kann indirekt aus der Art der weiteren Verarbeitung der Nachricht geschlossen werden. [ENG89, 274]

Dennoch bleibt der Begriff der „Information" letztlich schwer fassbar, und er kann nur mit Mühe und dann jeweils nur für eine beschränkte Anwendung genau definiert werden. [BIS95, 18]

Der wesentliche erkennbare Unterschied zwischen Information und Daten besteht in dem Kontext, der Bedeutung oder dem Sinn für den Empfänger. Somit gehen die Informationen über die Daten hinaus, unabhängig davon, ob sie richtig oder falsch sind. Die Richtigkeit ist ein unerhebliches Merkmal der Information, beispielsweise: Geburtstag W. Fichter: 31.07.72. Dies ist eine Information, egal ob das Datum stimmt oder nicht.

Wissen (Knowledge):

If beliefs are stated about a subject with legitimate claims to truth or correctness, they are called *knowledge*. The difference between opinions or beliefs and knowledge is that reasons or grounds supporting the truth claims of knowledge have been approved by some qualified elite and therefore at the present time are taken to be beyond questioning for practical purposes (over time knowledge changes). [HIR95, 14]

Wissen ist das Ergebnis korrekter Informationen. Insofern stellt das Wissen das oberste Glied in der Begriffshierarchie dar. Da sich aber auch Wissen mit der Zeit verändert, ist die Richtigkeit eine relative Größe, sie hängt von dem Betrachter ab. Weiterhin ist das Wissen dynamisch: Aus der Kombination mit weiterem Wissen oder Informationen entsteht neues Wissen. Nur so kann Wissen erworben und umgesetzt werden.

Die festgestellte Hierarchie der Begriffe wird im folgenden Kapitel in einen betrieblichen Zusammenhang gebracht.

2.2 Betriebliche Relevanz

Was haben all diese Begriffe mit einem Unternehmen zu tun, das sein Informationspotential ausnutzen will? Wie bereits angedeutet, lassen sie sich in eine Hierarchie einordnen, die auf verschiedenen Ebenen IT-Anwendungsfelder repräsentiert:

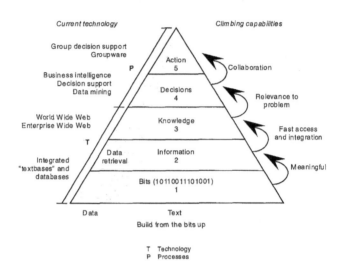

Abbildung 1: Enterprise Knowledge Pyramid and Value Transitions [BAI96]

Die in Abbildung 1 dargestellten Technologien unterstützen den Übergang von einer Ebene der Hierarchie zur anderen. Beispielsweise wird der geforderte „Fast access and integration" durch das World- bzw. Enterprise Wide Web realisiert. Er überbrückt die Lücke zwischen Information und Wissen. Zur Übersicht sind die Technologien im Zusammenhang abgebildet, erläutert werden sie in den entsprechenden Unterkapiteln.

Neben den bereits erläuterten Begriffen ordnet Abbildung 1 noch die Stufen „Decision" und „Action" ein. Sie folgen auf „Knowledge", einerseits durch Relevanz bei einer Problemlösung, andererseits durch Umsetzung der getroffenen Entscheidung. Nur die letzte Stufe ist die eigentlich wertschöpfende eines Unternehmens. Jedoch ist die ganze Kette bis hin zur Aktion letztendlich für die Qualität der Handlung entscheidend. Das schwächste Glied bestimmt die Güte des Ergebnisses: Selbst die beste Präsentation kann keine fehlerhaften Daten ausgleichen, kein Data Mining ohne relevante Informationen zu finden Erfolg erzielen. Abbildung 2 zeigt den Wert der Hierarchiestufen für das Unternehmen als „Competitive effectiveness":

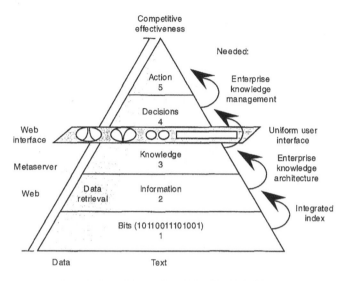

Abbildung 2: Steps to Knowledge Value [BAI96]

Die Wichtigkeit der Integration der Stufen macht folgendes Statement noch einmal deutlich:

„Enterprises that do not implement information technology with the vision the Knowledge Pyramid imparts will be seriously hampered in their competitive environment. [...] In fact, there is a serious danger that overreaction to hyperbole, especially surrounding the Web, will obscure the potential the Knowledge Pyramid conceptualizes." [BAI96]

Die Übergänge zwischen den Ebenen sind konkret:

♦ **Integrated Index:** Die Daten werden vollständig durch einen allgemein verwendbaren, also integrierten Index erfaßt. Das garantiert den schnellen und wahlfreien Zugriff durch die anderen Stufen.

♦ **Enterprise Knowledge Architecture:** Wie das Business Information Model in Kapitel 3, ordnet die Architektur das Wissen des Unternehmens in entsprechende Kategorien, um so den Anwender bei der Umsetzung von Information in Wissen zu unterstützen. Die Struktur ist auf der Metaebene angesiedelt („Metaserver").

♦ **Uniform User Interface:** Die einheitliche Benutzerschnittstelle trägt zur flexiblen und universellen Wissensverdichtung und somit zur Entscheidungsfindung bei. Der Benutzer hat transparenten Zugang zu jeglichen Informationsquellen.

♦ **Enterprise Knowledge Management:** Das unternehmensweite Wissensmanagement ist die Voraussetzung zum Erreichen der letzten Stufe. Es beinhaltet Workflow- und Groupwarefunktionen zur Umsetzung der gefällten Entscheidungen.

Wie dargelegt, ist Information und Wissen zu einem kritischen Erfolgsfaktor eines Unternehmens geworden. Wieviel von diesem Potential genutzt wird, hängt von vielen

Faktoren ab. Zum einen ist nicht jede Information für das Unternehmen gleich viel wert. Der Wert schwankt je nach Ablage- bzw. Darstellungsweise und wie die Information dadurch, für das Unternehmen in einen Kontext gebracht werden kann:

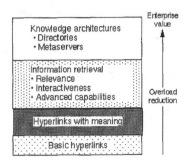

Abbildung 3: Wertigkeit von Informationsdarstellung [BAI96]

Abbildung 3 zeigt beispielhaft an vier Kategorien, wie sich Informationen auf Grund ihrer Repräsentationsform im Wert unterscheiden:

1. **Basic Hyperlinks**: Dies sind Verknüpfungen wie man sie derzeit im WWW findet. Obwohl der referenzierte Inhalt verschiedener Natur sein kann, ist die Darstellung transparent. „Eine derartige Adresse wird URL genannt (URL: Universal Ressource Locator):" [RAT95, 134] Der Informationsgehalt ist dementsprechend niedrig.

2. **Hyperlinks with meaning:** Neben dem reinen Verweis enthält dieser Link eine Bedeutung dessen, was und wie er es referenziert. Dadurch steigt die Wertigkeit der Information gegenüber eines einfachen Hyperlinks. Beispiel für die Umsetzung dieses Prinzips ist „HyTime (Hypermedia / Time-based Structuring Language, ISO 10744)" [RAT95, 134]. Damit lassen sich auch dynamische, zeitabhängige Daten wie Audio und Video referenzieren.

3. **Information Retrieval:** Über Retrieval beschaffte Informationen haben aufgrund der konkreten Vorgaben eine höhere Relevanz („Relevance" [BAI96]) und somit auch Wert für den Suchenden bzw. das Unternehmen. Sie werden interaktiv („Interactiveness") ermittelt und nutzen dabei fortschrittliche Funktionen („Advanced capabilities"). Kapitel 2.4 erläutert das Thema Retrieval eingehender.

4. **Knowledge architectures:** Dieses Schlagwort umfaßt Systeme, die speziell zur Verwaltung von Information geschaffen sind. Dabei wird die Information durch eine Metaebene („Metaservers") zu Wissen angereichert und durch Verzeichnisse („Directories") ähnlich den Mind Maps geordnet. Kapitel 2.3.4 ist dem Thema Knowledge gewidmet.

Nach dieser Kategorisierung der Konzepte im Umfeld von Information Management, beschreiben die folgenden Kapitel die Ansätze im Detail.

2.3 Ebenen des Managements

Das vorliegende Unterkapitel widmet sich den Organisations- und Verwaltungsformen von Information. Dabei hat jedes Konzept eine andere Zielsetzung und ein anderes Anwendungsgebiet, so z.b. das Handling von Wissen oder der Umgang mit Dokumenten. Gemeinsam ist ihnen eine gewisse Vorgehensweise und Funktionalität, mit der sie ihr Ziel anstreben: das Management von Information.

2.3.1 Document Management

Dokumente sind besondere Arten von Information. Sie sind heterogene Entitäten aus Text, Grafik und Querverweisen. Sie werden oftmals als atomar angesehen und behandelt, was aber ihr Potential erheblich einschränkt. Dokumente sind häufig veränderliche Objekte und existieren in mehreren Versionen. Diese und noch weitere Aspekte adressiert das Document Management, wie es von der GartnerGroup definiert wird:

> A class of middleware services (with a user interface) that integrates library services, document manufacturing and document-interchange technologies with critical business-process applications around a client/server topology. At its most fundamental functionality level, a document management system provides three core library services: document check-in/check-out, version control and document-level security. [BAU97]

Wie ersichtlich erfüllt die Verwaltung Funktionen einer Bibliothek: Sie kümmert sich um die Ausleihe, Rückgabe, Version und Sicherheitsaspekte der Dokumente. Darüber hinaus organisiert sie ihre Erstellung und ihren Austausch. Die zehn hauptsächlichen Problemfelder, denen sich ein Dokumentverwaltungssystem stellen muß, sind nach Popkin folgende [POP97]:

1. Dokumente sind schwer wiederzufinden - es mangelt an einem geeigneten Index und einem schnellen Retrieval-Mechanismus.

2. Dokumente sind schwer wiederzuverwenden - das System behandelt sie als BLOB[1] und verwaltet keine Kapitel oder andere Unterkomponenten.

3. Dokumente sind schwer zu ändern - es fehlt ein Dienst zur automatischen Ermittlung der aktuellen Version oder des Eigentümers.

4. Dokumente sind schwer parallel zu bearbeiten - durch ihre atomare Form erschweren sie notwendige Konsistenzmechanismen, wie z.B. granulares Locking.

5. Dokumente sind schwer in konsistenter Form zu veröffentlichen - die Konvertierung in andere Formate sowie ihre parallele Verwaltung ist meist ein fehleranfälliger manueller Prozeß.

6. Die Erschaffung von Dokumenten ist ein ad hoc-Prozeß - er ist informell, und es mangelt an Formatvorlagen und Vorgehensbeschreibungen.

7. Das Review von Dokumenten ist ein ad hoc-Prozeß - im Lebenszyklus eines Dokuments vorgesehene Reviews und Approvements werden durch kein Workflow unterstützt.

---

[1] Abkürzung für **Binary Large Object**: nicht weiter unterteiltes Objekt, das atomar verwaltet wird, z.B. eine Bild- oder Klangdatei.

8. Die Relevanz des Dokumentinhalts ist nicht offensichtlich - es fehlen Attribute oder Deskriptoren zur Beschreibung des Inhalts.

9. Papierbasierende Verteilung ist kostenintensiv in Bezug auf Vervielfältigung - die Mehrzahl der nicht unterzeichneten Dokumente ist auf elektronischem Wege effizienter zu reproduzieren.

10. Papierbasierte Lagerung ist teuer und bietet ineffizientes Retrieval - neben der Vervielfältigung ist die Suche und die Verwaltung auf Papierbasis zeitintensiv und fehleranfällig.

Diesen Problemen stellt Knox acht Lösungsvorschläge gegenüber [KNO97]:

Zur Verbesserung der **Suchergebnisse** ist der Einsatz eines **Document Markup** sinnvoll. Beispielsweise lassen sich auf Basis von SGML[2] bestimmte Formatvorgaben zur Inhaltsbeschreibung definieren. Ähnlich den Tags in HTML kennzeichnen sie Schlüsselwörter oder Indexvorgaben.

Die **inhaltliche Kennzeichnung** der Dokumente fördert ihre **Wiederverwendung**. Dadurch, daß mittels des Markup einzelne Teile gekennzeichnet werden, findet Reuse entsprechend detailliert statt. Statt eines monolithischen Objekts stehen einzelne Unterkomponenten sowohl bei der Suche als auch bei der Bearbeitung zur Verfügung.

Eine **Komponentenverwaltung** vereinfacht **Änderungen** dadurch, daß mehrfach verwendete Teile nicht kopiert, sondern referenziert werden. Eine Manipulation des Originals erfordert somit keine manuellen Anpassungen. Dies erfordert eine neue Sichtweise der Dokumente: „The fundamental nature of the document is being redefined into a virtual container for distributed objects that come from many sources and need to be available for immediate online access by widely dispersed users." [BAW95]

Intelligente Textverarbeitungen tragen zu einer **Standardisierung** der Dokumente bei. Statt dem Benutzer willkürliche Entscheidungen bezüglich Titelvergabe, Abbildungsbezeichnung oder Querverweisen zu überlassen, wird dies der Applikation anvertraut. Durch die gemeinsame Anwendung werden alle Benutzer miteinbezogen.

Medienneutrale Erstellung vereinfacht und fördert die **Konsistenz** der Veröffentlichung. Das Dokument enthält in seiner generischen Form keine Seitenangaben oder ausgeschriebene URLs mehr, da diese je nach Darstellungsweise überflüssig sind bzw. anders präsentiert werden. Querverbindungen sind formatneutral und werden z.B. durch einen Browser in Hyperlinks umgewandelt. Seitenangaben werden automatisch in der Papierform eingefügt.

Durch **SMGL** läßt sich der **Entwurf** von Dokumenten unterstützen, da dies ein Modellierungswerkzeug zur Erstellung von Formatvorlagen darstellt. Eine damit entwickelte Bibliothek an DTDs[3] bietet eine Struktur zur Abbildung sämtlicher Komponenten eines Dokumentes. Die redundanzfreie und vollständige Konzeption einer solchen Bibliothek ist schwierig und eine individuelle Herausforderung an jedes Unternehmen.

Ein **formales System** zur Verwaltung des **Review-Prozesses** löst eine ad hoc Handhabung ab. Es kontrolliert ein Dokument auf dem Weg durch seinen Lebenszyklus und bildet einen

---

[2] Abkürzung für „Standard General Markup Language" [RAT95, 131].

[3] Abkürzung für „Document Type Definitions" [RAT95, 131], den Grundbausteinen einer jeden Markup Language.

dementsprechenden Workflow ab. Vorschläge für Änderungen sind dem Verfasser entsprechend auf elektronischem Wege zusammen mit dem Original abgelegt.

Durch das **Markup von Schlüsselbegriffen** läßt sich die **Relevanz** eines Dokumentes genauer, einfacher und verläßlicher ermitteln. Somit kann der Verfasser individuell seine Arbeit einordnen, in dem Sinne wie er sie ursprünglich als relevant empfunden hat - eine Beurteilung die keine Suchmaschine ersetzen kann und die einen wichtigen Punkt im Modell des 3. Kapitels darstellt.

2.3.2 Repository und Data Warehouse

Die zwei Begriffe Repository und Data Warehouse erscheinen oft im Zusammenhang, ihre Beschreibungen gehen mitunter aber weit auseinander. Die wohl ursprüngliche Definition eines **Repositorys** kommt aus der Umgebung der CASE Tools: „At the centre of each CASE tool description is the repository, which is simply storage for various items." [WIJ91, 26] Diese beschränkte Sicht auf ein einzelnes Anwendungsgebiet wurde jedoch schon bald erweitert und auch für das Information relevant. Ein Repository gilt heutzutage als „knowledge base that integrates an enterprise's business information and application portfolio." [BRU92, 533]

Den zwei Ansätzen gemeinsam ist die Verwaltung von Metainformation, also Information über andere Informationen. Diese geht in soweit über ein Markup mit Deskriptoren hinaus, als daß gesamte Strukturen und technische Komponenten beschrieben werden, beispielsweise in einem CASE Tool. Die Ausgangsbasis ist komplexer als bei dem Document Management und eher mit einem Data Dictionary[4] für ein gesamtes System zu vergleichen.

Das **Data Warehouse** wird ähnlich abgegrenzt: „A data warehouse is a central repository for all significant parts of the data that an enterprise's various business systems collect." [INM95] Es sammelt und vereinigt selbständig Daten aus diversen Quellen, um sie dem Anwender zur Verfügung zu stellen. Dies geschieht jedoch nicht aus dem Blickwinkel des Endbenutzers, der teilweise Bedarf nach spezialisiertem Zugriff auf Datenbanken hat. Im weiteren wird das Repository stellvertretend für beide Ansätze näher erläutert, das im Kern folgende Funktionalität bietet [POU97, 18]:

♦ Object Management: Die Verwaltung jeglicher Art heterogener Daten: Dokumente, Diagramme, Quellcode, Abbildungen oder Zeitpläne, um einige Beispiele zu nennen.

♦ Version Management: Um die Veränderungen an den Objekten abzubilden, bedarf es einer Komponente die paralleles und konsistentes Arbeiten an unterschiedlichen Versionen erlaubt.

♦ Configuration Management: Für die Applikationsentwicklung sind verschiedene plattformabhängige Konfigurationen nötig, z.B. für UNIX oder Windows NT. Somit setzt die Verwaltung einer Anwendung über das Repository eine entsprechende Aufteilung voraus.

♦ Context Management: Da ein Repository eine große Menge von Daten enthält, ist die benutzerspezifische Sicht notwendiger Bestandteil einer effizienten Arbeitsgestaltung.

---

[4] „A set of data descriptions that can be shared by several applications." [WHA97].

In seinem Kontext werden die für ihn relevanten Teile des Repositorys zugänglich gemacht.

Diese Anforderungen finden sich prinzipiell in Abbildung 4 wieder, welche die einzelnen Kriterien der Relevanz nach gewichtet:

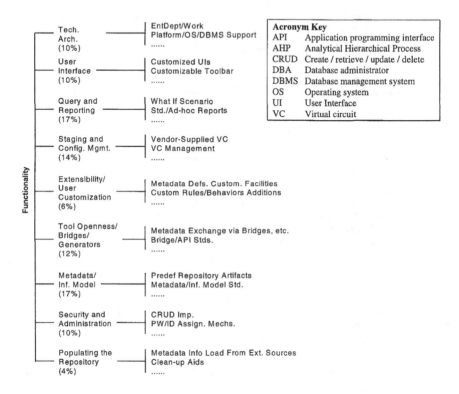

Abbildung 4: Functionality Criteria [of a Repository] [LOU97]

Hinter den einzelnen Funktionskriterien verbirgt sich im Detail folgendes (falls nicht bereits erläutert):

1. Technical Architecture: Das Einsatzgebiet des Repositories, bezogen auf Betriebssysteme, Plattformen oder Datenbanken.

2. User Interface / Ease of Use: Die Benutzerfreundlichkeit der Schnittstelle und ihre Anpaßbarkeit.

3. Query and Reporting Capabilities: Das Erstellen von Abfragen und ihre Wiederverwendung.

4. Extensibility / User Customisation: Die Erweiterbarkeit des Metamodells.

5. Tool Openness / Bridges / Generators: Die Portabilität von Daten zu anderen Anwendungen oder Repositorys.

6. Metadata / Information Model: Die Flexibilität des Meta-Metamodells. Das Information Model definiert die Metadaten, arbeitet also eine Ebene darüber.

7. Security and Administration: Die Verwaltung von Zugriffsrechten und Datensicherung.

8. Populating the Repository: Konsistenzregeln und Schnittstellen zum Einbringen von externen Quellen.

Wie ersichtlich, ist das Repository zur Administration sowohl im Bereich der Anwendungsentwicklung (CASE) als auch im Bereich des Information Management geeignet. Die Funktionskriterien sind bereits technischer Natur und lassen sich teilweise mit denen des Information Frameworks in Kapitel 4.2 vergleichen.

2.3.3 Information Management und Informationssysteme

Information wurde von der Wertigkeit eine Stufe tiefer als Wissen eingestuft. Dennoch gilt Information Management disziplinübergreifend als der generische Begriff, der die anderen einschließt. Er ist wie folgt definiert:

> With our understanding of information, we can characterize information management as the practice of giving context to data. The giving of context consists of developing an applying techniques and standards for the areas of information planning, data definition, data structure definition, meta-data access and context presentation. [BRU91, 32]

Das **Information Planning** umfaßt dabei die Ermittlung der abzubildenden Daten, die für den Benutzer wichtig sind. Der erarbeitete Umfang der relevanten Informationstypen wird durch die **Data Definition** einzeln definiert, wohingegen die **Data Structure Definition** die Verbindungen untereinander, also die Struktur, abbildet. Der **Meta-Data Access** garantiert die Erweiterbarkeit durch die Modellierung auf abstrakter Ebene. Die **Context Presentation** schließlich befaßt sich mit der Darstellungsweise im Zusammenhang mit der Sichtweise des Benutzers. Diese Merkmale bilden eine grobe Vorgehensweise zum Entwurf eines Informationssystems (IS), wie es im Anschluß abgegrenzt wird.

Eine etwas andere Sicht ordnet „Informations-Management" [BUE94, 51] in Richtung „EIS - Executive Information System" [BUE94, 51] ein. Dieser Bereich läßt sich jedoch besser als Management basierend auf Information qualifizieren, wie ihn der Autor auch selbst einordnet: „'Disponenten-Systeme' und 'EIS' (Executive Information Systems) sind praktische Beispiele für solche Systeme des 'Info-based Management'." [BUE94, 186]

Die Operationalisierung des Information Management geschieht durch ein IS. Dieser Begriff ist durch eine Vielzahl von Definitionen geprägt, von denen hier auszugsweise einige wiedergegeben sind:

> **Informationssystem:** System zur Speicherung, Wiedergewinnung (engl. information retrieval), Verknüpfung und Auswertung von Informationen. Ein Informationssystem besteht aus einer Datenverarbeitungsanlage, einem Datenbanksystem und den Auswertungsprogrammen. Informationssysteme, deren vorrangige Aufgabe nur die Speicherung und gezielte Bereitstellung gesuchter Informationen umfasst, bezeichnet man als Informationswiedergewinnungssysteme. [ENG89, 274]

Ein Informationssystem dient dazu,
- *große Mengen von im allgemeinen strukturierten Daten (structured data)*
- *dauerhaft (persistent) und*
- *verläßlich (dependable),*
- *für im allgemeinen viele und verschiedenartige Benutzer verfügbar (shared)*
- *effizient zu verwalten (management), d.h. Anfragen (queries) und Änderungen (updates)*
  zu bearbeiten. [BIS95, 2]

Der Vergleich mit der Definition des Information Management zeigt, daß ein IS eine technische und funktionale Umsetzung der Definitions-Paradigmen ist. Bei genauer Betrachtung der Charakteristiken eines IS lassen sich jedoch auch Gründe für die Bandbreite dessen feststellen, was heutzutage als Informationssystem bezeichnet wird. Die Definition des Dudens trifft auch auf Applikationen mit Datenbankanschluß zu, beispielsweise auf Lohnbuchhaltungen mit Suchfunktionen. Biskups Definition läßt sich auf ein verteiltes Dateisystem übertragen, z.B. auf Windows NT, das nach Dateien und deren Inhalt suchen kann. Demzufolge ist die Bezeichnung „Information System" nicht mehr eindeutig:

> Even the term 'information system' itself was found being used in at least four different senses. However the FRISCO[5] Task Group could not - just as the other such attempts have not been able to do - form a single unified vocabulary for the whole IS domain [...] [SAV93, 220]

Wenn im weiteren Verlauf der Arbeit von IS gesprochen wird, so ist damit die ursprüngliche, der Definition des Information Management folgende Bedeutung gemeint: Ein System, das dem **Austausch** und **Transfer von Wissen** unter Benutzern dient und dieses **vernetzt** und **intelligent** abbilden kann:

> An information system helps users in remembering and exchanging of information. The exchange of information must cope with two important problems:
> - Provider and user are not the same location – bridging of a distance gap is needed (communication function)
> - Provider and user are not dealing with the information at the same time instant – bridging of the time gap is needed (memory function) [LEH91, 22]

Die zitierte Unterscheidung zwischen mindestens zwei Benutzergruppen, einem Lieferanten für Informationen (Provider) und dem Konsumenten (User) hat auch in dieser Arbeit weitere Konsequenzen. Kapitel 3.3.8 grenzt die Rollen gegeneinander ab und führt darüber hinaus eine weitere ein, die des Architekten (Manager).

2.3.4 Knowledge Management

Ein in der jüngsten Zeit[6] besonders oft zu findendes Schlagwort ist die Verwaltung von Wissen. Dieses Knowledge Management (KM) will sich gegenüber dem herkömmlichen Handling von Information abgrenzen. Das wird bereits durch die Bezeichnung deutlich: Nicht mehr Information sondern Wissen, also eine höhere Nutzenskategorie, steht im Vordergrund. Dies trägt einer Entwicklung Rechnung, die allgemein die Anforderung an Unternehmen auf einem globalen Markt verändert hat. Nicht mehr industrielle Technik, sondern Knowledge ist ein kritischer Erfolgsfaktor der Zukunft:

---

[5] Abkürzung für Framework of Information Systems Concepts.

[6] Siehe Kapitel 2.6.

> In the last few years, it has been claimed [...] that we are in the midst of a world-wide fundamental shift in management philosophy and practice, in which the traditional, resource-based organization of the past is giving way to an emerging 'knowledge based' organization. [CRO96, 143]

Das „knowledge based" Unternehmen definiert für den Umgang mit dem Wissen einen neuen, eigenen Mitarbeitertyp: „The knowledge worker is the hunter or gatherer of bits and pieces of data and information that is then transformed into knowledge" [KIR97]. Diese Arbeit hat ihren Nutzen in fundierterer Entscheidungsfindung, neuen Produktideen oder dem Auffinden innovativer Umsatzquellen. Das dahinterstehende Prinzip ist das Management von Wissen, wie es an dieser Stelle definiert sei:

> Knowledge management is a discipline that promotes an integrated approach to identifying, managing and sharing all of an enterprise's information asset. These information assets may include databases, documents, policies and procedures as well as previously unarticulated expertise and experience resident in individual workers. Knowledge management issues include developing, implementing and maintaining the appropriate technical and organizational infrastructures to enable knowledge sharing, and selecting specific contributing technologies and vendors. [FEN96]

Als generischer Begriff für die heterogene Menge an Informationen ist „asset" verwendet. Es umschließt alle relevanten Objekte von geschäftlichem Interesse. Ähnlich einem Informationssystem umfaßt Knowledge Management eine technische Infrastruktur zur Verteilung und Organisation des Wissens. Ein in diesem Zusammenhang oft mißverstandener Begriff ist die „knowledge database" [LIF94, 207 ff.]. Er umschreibt nicht die Persistenz im Sinne der Wissensverwaltung, sondern vielmehr eine Datenbank zur Ablage von Mitarbeiterkompetenzen, auch „skills" [LIF94, 207] genannt.

Bei dem Entwurf des Knowledge Management steht zuerst ein Entwurf eines entsprechenden Modells oder Architektur an, die das Wissen des Unternehmens strukturiert. Abbildung 5 zeigt beispielhaft wie eine solche Gliederung aussehen kann:

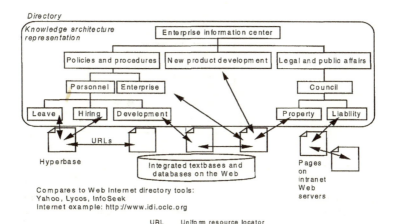

Abbildung 5: Building Enterprise Knowledge Architectures [BAI96]

Die dargestellte Architektur teilt sich in zwei Bereiche: in einen **hierarchischer Baum** und in einen **Informationspool** aus diversen Quellen (Datenbanken, WWW, Intranet) die mit **Querverweisen** verbunden sind. Das recht simple Modell hat mehrere Nachteile:

1. Wissen ist nicht von hierarchischer, sondern von netzartiger Natur. Der abgebildete Baum zwingt Sachverhalte in Kategorien, die sich unter Umständen überschneiden. In diesem Fall ist eine Einordnung willkürlich. Das vorliegende Konzept umgeht dieses Problem durch beliebige externe Verweise, besser wäre jedoch die Integration von beidem zu einer netzartigen Struktur. Weiterhin ist die Struktur statisch und bietet nur eine Sichtweise. Knowledge Management ist nur äußerst eingeschränkt möglich.

2. Die Querverweise sind nicht näher spezifiziert bzw. haben keine individuelle Bedeutung - es fehlen typisierte Links.

3. Der zugrundeliegende Informationspool ist mit Intranet und Internet nicht groß genug - es fehlen z.B. Online-Datenbanken.

Die angeführten Probleme lassen sich mit heutiger Technologie entsprechend lösen: (1) Objektorientierung zur Modellierung einer komplexen, netzartigen Struktur; (2) Markup Languages zur Typisierung der Verknüpfungen; (3) APIs zur transparenten Anbindung weiterer Informationsquellen. Das Konzept eines Intranets bietet darüber hinaus noch weitere Möglichkeiten, die in dem entsprechenden Kapitel dargelegt sind.

Zwei der Kernkomponenten des Knowledge Management Systems sind die Navigation und die Suchfunktionalität. Beide müssen den Ansprüchen der Wissensdarstellung genügen, beispielsweise durch Semantische Netzwerke, natursprachliche Abfragen oder Mustererkennung. Abbildung 6 stellt dies auf abstrakter Ebene dar:

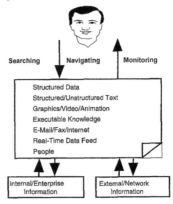

Abbildung 6: Navigation and Search [FEN96]

Knowledge Management bedient sich einer Reihe von modernen Technologien zur Erreichung seiner Zeile. Die wesentlichen davon zu ermitteln ist jedoch kein leichtes Unterfangen: „Given that most aspects of information processing could loosely be interpreted as knowledge management activities, the category of KM products could potentially engulf the entire IT industry." [FEN97] Anstatt eine etwas willkürliche Kategorisierung darüber zu erstellen, welche Technologie zu Knowledge Management zählt und welche nicht, präsentiert Abbildung 7 eine Übersicht. Darin enthalten sind sowohl etablierte als auch neue Ansätze, die das Potential haben, Knowledge Management zu unterstützen:

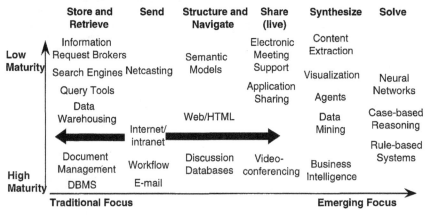

Abbildung 7: Technologies Contributing to Knowledge Management Solutions [FEN97]

Die Einteilung in Funktionsgruppen hat folgende Bedeutung:

♦ **Store and Retrieve** stellte lange Zeit die Hauptaktivität der IT dar. Daher rührt die Vielzahl der bereits etablierten und traditionellen Technologien. Knowledge Management erweitert diese durch fortschrittliche Suchoptionen, auch für weniger erfahrene Anwender, und transparenten Zugriff auf unterschiedliche Quellen.

♦ **Send** verkörpert die individuelle Einbeziehung des Benutzers in den Informationszyklus, etwa durch Workflow und Nachrichtensysteme wie sie durch das Push Prinzip im nächsten Kapitel beschrieben sind.

♦ **Structure and Navigate** vereinigt neben den bereits erläuterten Netzstrukturen auch Diskussionsforen und WWW.

♦ **Share (live)** gehört zu den Zielen im Knowledge Management-Portfolio, welche Menschen untereinander verbinden wollen. Die dargestellten Technologien dienen der Kommunikation in Echtzeit.

♦ **Synthesize** fördert neues Wissen aus bereits Bekanntem zutage, z.B. durch Datenverdichtung.

♦ **Solve** stellt den Bereich der Entscheidungsunterstützung oder Expertensysteme dar. Statt reiner Information stehen hier Vorschläge des Systems im Vordergrund.

Auf den Bereich **Intranet** als integrierendes Konzept und **Retrieval** als Kernkomponente des Information Management gehen die folgenden zwei Unterkapitel aufgrund ihrer Wichtigkeit gesondert ein.

2.4   Information Retrieval und Data Mining

Im Gegensatz zu den Managementkonzepten des vorherigen Kapitels, welche die Organisation von Information als solche behandeln, adressiert dieser Abschnitt das Auffinden von Informationen. Dabei beeinflußt die vorhandene Verwaltungsart zwar die Güte und die Möglichkeiten der Wiederbeschaffung, Retrieval und Mining sind jedoch übergreifende Konzepte. Sie können unabhängig von der Managementweise eingesetzt werden. Teilweise sind sie bereits integrierter Bestandteil von Informations- oder Dokumentverwaltungssystemen, ohne daß es dem Anwender bewußt ist: Selbst die manuelle Suche nach Dokumentversionen über einen Dateimanager kann als primitive Form einer Retrieval Engine bezeichnet werden.

Information Retrieval wird von Weiss folgendermaßen definiert: „The study of systems for indexing, searching, and recalling data, particularly text or other unstructured forms." [WEI97] Darüber hinaus geht der Begriff in Bezug auf Wissen:

> Knowledge retrieval is the augmentation of traditional text retrieval with semantic expansion (thesauri, semantic networks, visualization), clustering and summarization, semantic modeling (content descriptions) and collaboration tools (collaborative filtering, groupware). [...] This technology serves as the basis of the Enterprise Knowledge Architecture implementation on the metaserver. [BAI97b]

Gegenüber der herkömmlichen Suche nach einzelnen Begriffen stellt Knowledge Retrieval Semantik und Kontext in den Vordergrund. Intelligente Suchmaschinen tragen der Tatsache Rechnung, daß sie nicht mehr Daten, sondern Wissen vermitteln sollen. Retrieval fängt schon vor der eigentlichen Suche an, bei der Erstellung und Aufbereitung der Informationen für eine Anfrage. Ein mögliches Beispiel des Vorgehens zeigt Abbildung 8:

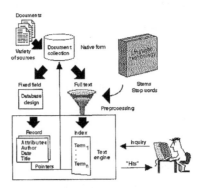

Abbildung 8: The Infobase Build Process [BAI95]

Das dargestellte Beispiel integriert eine Vielzahl von verschiedenen Quellen in eine Dokumentsammlung. Eine Datenbank kann diese Quellen erfassen und bestimmte allgemeine Daten wie Titel, Verfasser oder Erstellungsdatum extrahieren. Ein anderer Vorgang indiziert die ursprünglichen Formate und verknüpft die Schlüsselbegriffe untereinander unter

Zuhilfenahme von „Linguistic Technology". Darunter fallen die bereits erwähnten Semantischen Netze, Thesauri und Wörterbücher. Eine Anfrage durchsucht nun parallel den Index und die Metadaten der DB. Dieser Ansatz ist eine Alternative zwischen Volltextsuche auf Originalen (langsam, dafür vollständig) und Beschreibung auf Metaebene (schnell, genau, dafür nicht umfassend).

Retrieval läßt sich weiterhin in einen Push- oder Pull-Mechanismus unterteilen. Push bezeichnet die Lieferung von Information ohne individuelles Zutun des Benutzers, beispielsweise durch Intelligente Agenten[7], die Quellen selbständig durchsuchen. Pull bezeichnet eine Aktion des Anwenders, durch die er konkret Information anfordert. Abbildung 9 bringt beide Methoden in einen Zusammenhang:

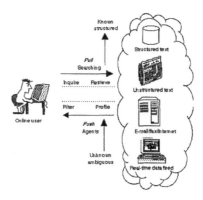

Abbildung 9: Information Push and Pull From New Sources [BAI95]

Die Grafik macht deutlich, daß es sich bei dem Einsatz von Pull meistens um wohlstrukturierte Quellen handelt. Dementsprechend deckt Push die unstrukturierten und unbekannten Quellen ab. Zu diesem Zweck sortiert der Filter und das persönliche Profil die für relevant empfundenen Informationen, um einer Flut von ungewünschten Quellen vorzubeugen.

Allgemein ist die Relevanz der gefundenen Information eines der wesentlichen Themen im Zusammenhang mit Retrieval. Um diese Relevanz zu quantifizieren existieren Metriken und Kennzahlen, die das Suchergebnis analysieren. Eine der populärsten (vgl. [BAI96]) setzt die relevanten Quellen ins Verhältnis zu den gefundenen und ermittelt die Schnittmenge sowie die fehlenden (aber dennoch relevanten) Informationen. Da die Wichtigkeit der Ergebnisse individuell variiert, sind Kennzahlen nur ein Hilfsmittel zur Sensibilisierung auf die Problematik. Mit ihnen lassen sich jedoch verschiedene Suchmaschinen vergleichen und ihre Qualität beurteilen. Abbildung 10 stellt die Ermittlung der Kennzahl graphisch dar:

---

7 „On the Internet, an intelligent agent (or simply an agent) is a program that gathers information or performs some other service without your immediate presence and on some regular schedule." [WHA97]

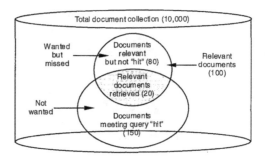

Abbildung 10: Text Information Retrieval Relevance [BAI96]

Aufgrund der häufig geringen Qualität von Retrieval im Internet etabliert sich ein neuer Service: die Vergabe von Suchaufträgen an externe Dienstleister [BAI97a], analog einer Telefonauskunft. Bezahlt wird je nach Komplexität[8] der Anfrage, und der Zeit, die der beauftragte Angestellte für die Suche verbracht hat. Dies verlagert die Problematik hin zu dem Dienstleister, der seine Mitarbeiter mit entsprechender Technologie ausstatten muß, um effizientes Retrieval zu betreiben. Das Problem wird nicht gelöst, sondern durch die Spezialisierung und Ausbildung der Mitarbeiter und somit dem Einsatz von menschlicher Intelligenz, umgangen.

Data Mining verfolgt andere Ziele. Es sucht nach Zusammenhängen in Daten und Informationen, die vorher nicht bekannt sind. Im Gegensatz zu Retrieval, das bereits durch die Vorsilbe „Re" andeutet, daß es sich dabei nicht um Schaffung sondern um Wiederbeschaffung von Informationen handelt. Der Gedanke des Mining ist, verborgene Korrelationen aufzufinden, beispielsweise aus Verkaufszahlen eines Produktes eine Verbindung zu Werbemaßnahmen herzuleiten. Die Vorgehensweise gliedert sich dabei in fünf Schritte [BRE96]:

1. Datenakquisition und Auswahl.

2. Vorbereitung der Daten und Preprocessing.

3. Auswahl der Technologie und des Vorgehens.

4. Entwicklung einer Hypothese, ihr Test und die Folgerung von neuem Wissen.

5. Interpretation und Integration des Wissens.

Nach erfolgreichem Abschluß dieses Vorgangs steht das Ergebnis für eine weitere Verarbeitung zur Verfügung, sei es für Retrieval oder weiteres Mining.

---

[8] Es existieren Preisstaffeln von $ 1.79 für einfache bis $ 11.99 für komplexe Anfragen [BAI97a].

2.5 Intranet / Groupware

Intranet- und Groupware-Konzepte sind die aktuellen Ansätze zum Management von Information. Sie integrieren eine oder mehrere Organisationsformen zusammen mit der Retrieval-Komponente und stellen ihre Funktionalität unternehmensweit zur Verfügung.

Das **Intranet** wird häufig als „the internal use of Internet technology" [HIL96, 6] charakterisiert. Diese Definition ist sehr eingängig, umschreibt aber nicht das eigentliche Potential des Konzeptes. Jedes UNIX-Betriebssystem auf TCP/IP-Basis mit E-Mail Funktionen war seit jeher ein Intranet, ohne davon zu wissen? Nein, denn „mit Internet-Technik wird nur die zugrundeliegende Plattform beschrieben. Was die Idee von Intranet erst interessant macht, sind die Inhalte, die Möglichkeiten zur Informationsaufbereitung und -darstellung sowie Applikationen." [KOS96, 298] Zu diesen Anwendungen zählen laut Kossel Datenbankschnittstellen, Dokumentenmanagement-Software, Groupware-Lösungen zur firmeninternen Kommunikation und Organisation, Workflow-Systeme und Online-Publishing von Text und Grafik.

Mit dieser Aufzählung ist gleichzeitig das Einsatzgebiet von **Groupware** abgegrenzt worden. Groupware ist nicht zwingend eine Applikation auf Intranet-Basis. Vielmehr handelt es sich dabei um Anwendungen, die bereits vor der Entwicklung des Intranets existierten. Diese Lösungen sind oft von proprietärem Format und verwenden ihre eigenen Dienste und Protokolle, um teamorientierte Arbeiter zu unterstützen. Der Trend geht jedoch eindeutig hin zu einer Symbiose, beispielsweise wird Lotus Notes, ein proprietärer Groupware-Anbieter, „zahlreiche Internet-Protokolle unterstützen, darunter SMTP, POP3, HTTP und SSL" [WEB96, 318]. Das Problem, sich zwischen Intranet und etablierter Groupware entscheiden zu müssen, scheint damit gelöst. Zudem sind die nicht-kommerziellen Lösungen auf Basis des Intranets von der Marke Eigenbau. Die dabei notwendige Arbeit zur Integration der Komponenten und die fehlende Erfahrung macht die traditionellen Anbieter konkurrenzfähig.

Was trägt nun Groupware zu Information Management bei? Groupware sorgt für die Verbreitung und Organisation elektronischer Kommunikation. Diese Kommunikation stellt einen erheblichen Teil des sich im Unternehmen befindlichen Wissens dar, das es für die Allgemeinheit der Mitarbeiter zur Verfügung zu stellen gilt: „The majority of corporate information does not reside in relational databases but in user directories, flat files, spreadsheets, word-processing documents and e-mail boxes." [CHU97, 39] Um dieses Ziel zu erreichen setzt Groupware acht Kerntechnologien ein [ROB96, 68/69]:

1. Allgemeine Standards,
2. Sicherheitsmechanismen,
3. Replikationsdienste,
4. Applikationsentwicklung,
5. Persistenz von Objekten,
6. Nachrichtenservice,
7. Diskussionsforen und
8. Workflowfunktionalität.

Lotus Notes, „the Swiss Army knife of groupware" [ROB96,68], erfüllt beispielsweise diese Anforderungen in der Version 4.5. Ordnet man Groupware in die von Abbildung 11 dargestellten Kategorien ein, so erfüllt sie die Aufgaben der Ebene 2, als Applikation der Ebene 3:

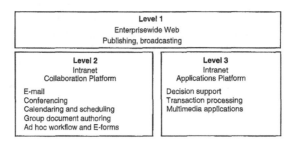

Abbildung 11: The Intranet Platforms [BAL97]

Level 1 stellt die Basisfunktionalität zur Veröffentlichung und Kommunikation im Intranet zur Verfügung. Sie umfaßt die notwendigen Protokolle, Clients und Server. **Level 2** bietet die Möglichkeit gemeinsamer Arbeit im Unternehmen, z.B. durch Konferenzen, Zeitplanung oder parallelem Editieren von Dokumenten. Heutige, nicht-kommerzielle Anwendungen sind hauptsächlich Ebene 2 zuzuordnen. **Level 3** integriert die zwei darunter liegenden Stufen in einer Applikation. Sie verbindet mehrere Dienste zur Erreichung eines komplexen Ziels, beispielsweise die Unterstützung von Entscheidungen. Auch ein Informationssystem im Sinne des Kapitels 2.3.3 ist eine Anwendung der Ebene 3. Die wesentlichen Vorteile von Lösungen im Intranet sind neben den anfänglich niedrigen Investitionskosten und dem problemlosen Einbeziehen des Internets vor allem die plattformübergreifende Kompatibilität [RIZ97, 53 ff.]. Momentan sind diese Lösungen jedoch nicht „off-the-shelf" [RIZ97, 55] erhältlich, sie befinden sich im Entwicklungsstadium.

Ein bereits erwähntes Aufgabengebiet des Intranet ist die Verwaltung von Dokumenten. Dabei spielen die Referenzen oder Hyperlinks eine wichtige Rolle. Sie übernehmen speziell in Dokumenten eine Vielzahl von Aufgaben, beispielsweise

♦ die Verbindung einer Version zu einer anderen,

♦ eine Referenz auf den Autoren

♦ und von diesem weiter auf seine verfaßten Dokumente,

♦ Verweise auf Abbildungen, Fußnoten oder Abschnitte des Textes,

♦ virtuelle Dokumente, d.h. nur bestehend aus Referenzen,

♦ Links auf Adressen im Internet, oder

♦ die Verknüpfung von Dokumenten innerhalb eines Workflow-Prozesses.

Abbildung 12 zeigt die verschiedenen Arten von Verbindungen anhand eines Beispiels:

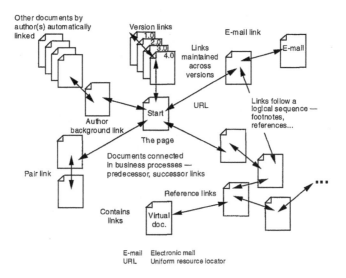

Abbildung 12: Hyperlinks Exploited for Added Meaning [BAI96]

Die funktionale Erweiterung der Hyperlinks hat für den Benutzer folgende Vorteile:

♦ **Orientierung und Konsistenz:** „Hyperlink types that reflect the structure of information not only help the user by providing a logical path, but can be a source for hyperlink integrity" [BAI96].

♦ **Struktur:** „Hyperlinks mirror how the brain organizes information into classes, hierarchies and clusters." [BAI96]

Das Intranet und darauf aufbauende Applikationen haben das Potential, alle Facetten des Information Management abzubilden. Die beschriebenen Trends und Möglichkeiten belegen dies. Firmeninterne Netze dieser Art verbinden erstmalig alle Ressourcen an Informationen eines Unternehmens und schaffen damit einen nie dagewesenen Pool an Wissen. Auch das nächste Kapitel zur historischen und zukünftigen Entwicklung bestätigt diesen Trend.

2.6 Historische und zukünftige Entwicklung

Ein Unternehmen entscheidet sich nicht auf unabsehbare Zeit für eine Art des Information Management. Neue Technologien und Konzepte sowie ihre zeitliche und kostenspezifische Verfügbarkeit beeinflussen maßgeblich die Entwicklungsmöglichkeiten. Abbildung 13 zeigt diesen zeitlichen Verlauf im Zusammenhang mit den technischen Voraussetzungen:

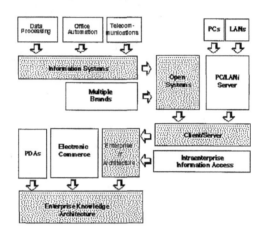

Abbildung 13: The Evolution of IT Integration 1970-2000 [ROS95]

Die grau unterlegten Bereiche stellen jeweils eine neue Ebene der Integration dar. Anfangs wurden die separaten Technologien „Data Processing", „Office Automation" und „Telecommunications" zu *Informationssystemen* vereinigt. Dabei war meist ein Host Ausgangspunkt und zugleich Datengrab vieler Unternehmen. Der Wunsch, unterschiedliche Computer-Substandards („Multiple Brands") zu integrieren führte zu *offenen Systemen*. Diese wiederum förderten zusammen mit der PC- und LAN-Technologie die Entwicklung der *Client/Server*-Konzepte. Den heutigen Stand der Entwicklung stellt die *IT-Architektur* des Unternehmens dar. Sie entstand durch den Bedarf, abteilungsübergreifenden Zugang zu gemeinsamen Informationen zu gewährleisten.

Die Zukunft liegt in der *Enterprise Knowledge Architecture*. Sie stellt den Rahmen dar, in dem die Mitarbeiter Information Management betreiben. Er hilft den Angestellten bei der Bewältigung der Datenmengen durch die Erweiterung des Aufgabenbereiches[9] und eine flache Organisation. Gefördert wird dies durch Trends hin zu Mobile Computing (z.B. mit PDAs[10]) und zu einem elektronischen Markt, der die Unternehmen weiter untereinander verbindet: Der Mitarbeiter ist nicht nur im Unternehmen mit ausreichenden Informationen zu

---

[9] „Job Enlargement" [ROS95].

[10] Abkürzung für Personal Digital Assistant.

versorgen, sondern auch unterwegs, etwa bei einem Kunden vor Ort. Wissen wird an der Stelle erfaßt, an der es entsteht. Diese ist im Zeitalter einer „mobile society" nicht nur das Büro!

Die Anforderung an Information Management unterscheiden sich nicht nur in zeitlicher Hinsicht. Auch die Art des Unternehmens, sein Geschäftsfeld und seine Zielsetzung beeinflussen, wann welche Technologie implementiert wird: Ein Versandbetrieb legt weniger Wert auf semantische Verknüpfungen als auf schnelle Antwortzeiten und Zuverlässigkeit. Ein Online-Datenbankprovider hingegen fordert hohe Relevanz der gefundenen Objekte. Als grobe Einstufung der Unternehmenstypen dienen die drei Klassen der GartnerGroup [FEH96]:

♦ **Typ A** besitzt eine hohe Risikotoleranz und benutzt IT um einen strategischen Vorsprung zu erhalten. Der Einsatz der Technologie ist aggressiv und „cutting edge". Typ A zählt zu den „early adopter", den ersten Anwendern neuer IT.

♦ **Typ B** setzt IT ausbalanciert zur Produktivitätssteigerung und mit moderatem Risiko ein. Seine Philosophie ist das Prinzip „we go second".

♦ **Typ C** wartet ab, bis sich eine Technologie als zuverlässig und etabliert erwiesen hat. Dies liegt an seiner niedrigen Risikobereitschaft und dem vorsichtigen IT-Einsatz im Kerngeschäftsbereich. IT ist ein reines Hilfsmittel.

Abbildung 14 stellt drei verschiedene Phasen in der Entwicklung eines Information Resource Center[11] in Abhängigkeit von der Zeit und dem Unternehmenstyp dar:

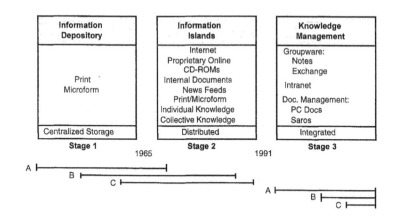

Abbildung 14: Three Stages of the IRC [STE96]

---

[11] Abgekürzt „IRC" [STE96].

Die drei Phasen lassen sich wie folgt charakterisieren:

♦ **Phase 1** entspricht der klassischen Bibliothek. Die verwalteten Medien bestehen hauptsächlich aus Papier und Mikrofilmen. Dies und die zentrale Verwaltung verlangen das persönliche Erscheinen des Endbenutzers am Ausgabeort.

♦ **Phase 2** führt den Onlinezugriff auf elektronische Ressourcen ein. Die Information wird nicht mehr nur archiviert, sondern auch an die Interessenten verteilt. Das verfügbare Angebot vervielfältigt sich und steht fast unmittelbar zur Verfügung. Jedoch sind vor allem Insellösungen realisiert, die nur aufwendig miteinander zu verknüpfen sind.

♦ **Phase 3** organisiert erstmals das Wissenspotential unternehmensweit. Dies umfaßt Aspekte wie Information-Reuse, paralleles Arbeiten an Ressourcen und intelligentes Retrieval. Nicht die reine Bereitstellung steht im Vordergrund, sondern die Erfassung und Bearbeitung von Inhalt. Technologien wie Groupware und Intranet bieten Werkzeuge zur Integration der bisherigen Inseln zu einem Ganzen. Stage 3 steht in ihrer Anfangsphase, und Unternehmen vom Typ A haben bereits damit begonnen, dieses Konzept umzusetzen. Durch das hohe Potential von Intranet und Groupware gehen bereits einige von Typ B dazu über, Lösungen zu implementieren.

Ein Unternehmen wie die SYSTOR AG besitzt eine Hauptkompetenz in der Erlangung von technologischem Vorsprung. Eine Consulting-Gesellschaft wie sie muß bereits den Weg in die dritte Phase angetreten haben, beispielsweise durch Entwicklungsprojekte in den Kerntechnologien Intranet, Intelligent Agents oder Knowledge Management. Aber auch das produzierende Gewerbe ist gezwungen seine Informationsinseln zu verbinden, um konkurrenzfähig zu bleiben.

Abbildung 15 verwendet ebenfalls die Einteilung in Unternehmenstypen, um zukünftige Trends in der Entwicklung des Knowledge Management aufzuzeigen:

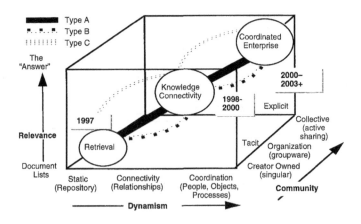

Abbildung 15: Knowledge Management Cube Trend Model [BRE97]

Die drei Achsen, entlang derer sich das Wissensmanagement bewegt, sind Relevanz, Dynamik und gemeinschaftliche Verfügbarkeit. Die **Relevanz** der Informationen verändert sich von reinen Dokumentlisten hin zum Auffinden der gesuchten „Antwort". Die **Dynamik** strebt weg von statischen Architekturen hin zu einer Integration von allen relevanten Bereichen im Umfeld, beispielsweise Prozesse und Anwender. Um das maximale Nutzungspotential aus Information zu ziehen, muß sie **gemeinschaftlich verfügbar** sein. Hier tendiert die Entwicklung über die Unternehmensgrenzen hinaus zu einer lebendigen, kollektiven Wissensbasis.

In dem durch die Achsen aufgespannten Raum lassen sich drei Meilensteine plazieren: Das Zeitalter des **Retrieval** ist heute erreicht. Von ihm ausgehend bewegen sich die Unternehmenstypen auf unterschiedlichen Wegen hin zur **Knowledge Connectivity**, die um das Jahr 1999 erreicht wird. Typ A schlägt dabei den direkten Weg ein, Typ B tendiert in Richtung Dynamik und Typ C in Richtung Verbesserung der Relevanz. Das Zeitalter der Coordinated Enterprise wird ungefähr im Jahr 2002 eingeläutet.

Ein zeitgemäßes Consulting-Unternehmen ist zwischen den ersten beiden Meilensteinen einzuordnen. Durch Zukauf von aktuellen Lösungen, beispielsweise des „Fulcrum Knowledge Network" [FUL97], das die geforderten Merkmale für Knowledge Connectivity bereits adressiert, erwerben auch andere Gesellschaften diesen technologischen Vorsprung.

Wie diese Einführung gezeigt hat, bestehen eine Vielzahl von Ansätzen und Theorien, um Information Management zu verwirklichen. Die diversen Konzepte existieren jedoch eher neben- als miteinander, ohne die Schnittmengen oder Synergieeffekte zur Schaffung einer gemeinsamen Lösung zu nutzen.

Das Kapitel hat jedoch die Grundlagen für ein weiteres Vorgehen geschaffen: Die vorhandenen Prinzipien sind bekannt und müssen nicht selbst erarbeitet werden. Die Arbeit konzentriert sich auf die konzeptionellen Aspekte von **Information- und Knowledge Management** durch das *Business Information Model*, auf die Aspekte der Umsetzung eines **Informationssystems** durch das *Information Framework* und zur Demonstration einer möglichen **Integration** durch den *Prototyp*. Vertieft werden ebenfalls die Konzepte zu Relevanz, Push-Prinzip und Visualisierung.

3 BUSINESS INFORMATION MODEL

Die Abbildung von Informationen ist zunächst ein rein gedankliches Problem. Die Sichtweise der Problematik im Umfeld der betrieblichen Realität wird auch als „business point of view" [IBM96, 3] bezeichnet. Aus diesem Blickwinkel ergibt sich die Anforderung an spezielle Modelle, die sich ausschließlich mit der Business Sicht auseinandersetzen. Für bestimmte Bereiche existieren bereits solche Modelle, beispielsweise das **Financial Services Object Model**[12] von **IBM** als Bestandteil des Information Framework[13]:

> The FSOM is an object-oriented model of the financial services business. It describes, from an enterprise-wide business point of view, the behaviour and the states of a business. I does not describe the technological choices that are made in a computer system that supports a business. [IBM96, 3]

In Tradition dieser großen Objektmodelle erstellt die Diplomarbeit ein Business Model, welches weniger die technologischen, sondern verstärkt die geschäftlichen Aspekte von Information Management berücksichtigt - einem weiteren universellen Problembereich.

Obwohl FSOM als Object Model bezeichnet wird, entspricht es nicht den gängigen Vorstellungen eines solchen. Auf oberster Ebene existieren weder Attribute noch Methoden der einzelnen Klassen. Assoziationen werden durch Prosa umschrieben, z.B. „is secured by", nicht durch konkrete „has" oder „uses"-Beziehungen, Kardinalitäten fehlen ebenso. Es existieren jedoch Vererbungsstrukturen, und die Anwendung bestimmter Design Patterns ist erkennbar. Wie der Name andeutet, handelt es sich bei FSOM um den Bereich **Banking Finance & Securities**.

In einem ähnlichen Ansatz entwickelt nun dieses Kapitel die Konzeption des **Business Information Models**. Das Ziel ist die Abstrahierung von Implementationsspezifika und gleichzeitige Abbildung und Kontrolle der **Business Requirements**[14]. Der Vorteil dieses Ansatzes ist die universelle Anwendbarkeit des Modells im Bereich **Office Information Description & Handling**, während die Realisierung separat behandelt und für den Kunden individuell angepaßt wird.

Somit beschränkt sich die Lösung nicht auf den Einsatz in der SYSTOR AG. Jedoch gelingt dies nicht ohne einen gewissen Grad von Angleichung und Individualisierung: Erfahrungswerte der IBM sprechen bei FSOM von 80% Deckungsgleichheit und 20% Anpassungen bei der Umsetzung ihres Modells im angesprochenen Marktsegment [IBM96, 3].

---

[12] Abgekürzt FSOM.

[13] Abgekürzt IFW.

[14] Siehe Kapitel 3.1.

3.1 Business Requirements

Um ein entsprechendes Modell entwickeln zu können, sind vorher die zugehörigen Anforderungen an die Funktionalität zu ermitteln. Auch hier kann zwischen technischer und eher geschäftlicher Funktionalität unterschieden werden. Während erstere im Kapitel 4.2 untersucht wird, widmet sich das vorliegende Kapitel den **Business Requirements**.

Ein erster Teil der Anforderungen bezieht sich auf das Modell als Ganzes. Die Fragestellung ermittelt also den allgemeinen Nutzen eines Business Models gegenüber einem konkreten technischen Entwurf. IBM sieht den Nutzen wie folgt:

The main uses of the FSOM are:

1. **To accelerate solution development.** [...]

2. **To enable re-use of objects across solutions.** [...]

3. **To decrease the time and effort involved in defining the requirements and scope of a system.**

[IBM96, 3]

Analog lassen sich wesentliche Punkte bei dem Informationsmodell finden:

1. Eine schnellere Entwicklung einer technischen Lösung ist durch den bereits abgegrenzten Problembereich möglich. Somit muß die relevante Funktionalität nur ein einziges Mal ermittelt werden, und zwar im Business Model - das spart Zeit bei der Umsetzung. Um in einem Bild zu sprechen: Man erfindet das Rad nicht neu, sondern paßt es nur noch an.

2. Die Wiederverwendung von Objekten, Konzepten, Mustern oder Prozessen über mehrere Realisierungen hinweg ist durch ihren hohen Abstraktionsgrad gewährleistet. Dies gilt auch für die Beziehungen unter ihnen, denn erst sie bilden die Struktur. Durch den Schwerpunkt auf den Geschäftsbereich Office Information ist für die entwickelten Objekte die Grundlage gegeben, auf der sie wiederverwendet werden können.

3. Die Ermittlung des Umfanges und der Anforderungen an ein System ist ein zeitaufwendiger Prozeß. Diese Aspekte sind jedoch vor der Systemimplementierung bereits im Business Model beschrieben und können auf die konkrete Lösung übertragen werden. Somit müssen die Requirements nur einmal definiert werden.

Der zweite Teil der Anforderungen definiert die Business Requirements im Sinne der bereitzustellenden Funktionalität. Die Punkte wurden zusammen mit der Research-Abteilung der SYSTOR AG ermittelt. In der Abteilung existiert bereits eine auf Lotus Notes entwickelte Datenbank[15], die bisher dem Zweck des Information Management diente. Unter diesem Gesichtspunkt sind die ermittelten Anforderungen sowohl als Schwächen bzw. fehlende Funktionalität der bisherigen Lösung als auch als Wünsche an ein perfektes System zu verstehen. Als übergreifenden Begriff für die Allgemeinheit der verschiedenen heterogenen Informationstypen wurde „*Piece of Information* (POI)" gewählt.

Weiterhin sind Anforderungen im Katalog enthalten, die in der Literatur hauptsächlich zum Thema Knowledge Management zu finden sind (vgl. [BAI95], [BAI97b], [FEN97]).

---

[15] Genannt ARS-News DB. Die Datenbank erhält mittlerweile aber neben Neuigkeiten auch Buch- und Sachbegriffverwaltung sowie Referenzen auf andere Medien (z.B. WWW, GartnerGroup DB).

Anforderung	Erfüllung
Neuen Informationstyp entwerfen, d.h. Offenheit des Systems gegenüber zukünftigen neuen Entwicklungen.	Muß
Hoher Wiederverwendungsgrad unter den Informationstypen: Baukastenprinzip beim Neuentwurf.	Muß
Neukonstruktion auf der Metaebene erfolgt dynamisch und ist Komponente des Systems (FISH[16]-Gedanke [KRI97]).	Wunsch

Tabelle 1: Anforderung an die Architektur

Anforderung	Erfüllung
POI-Verwaltung: anlegen, ändern, löschen.	Muß
Referenzen erstellen, d.h. beliebige Verknüpfungen unter den POI.	Muß
Abfrage nach POI.	Muß

Tabelle 2: Anforderungen an Piece of Information

Anforderung	Erfüllung
„Begriff" als besonderes POI: Ablage von Definitionen (Dictionary) und Beziehungen untereinander (Network).	Muß
Begriff abonnieren, d.h. Nachrichtenservice, falls etwas zu diesem Begriff erfaßt wird (Subscription & Pushing).	Muß
Begriffe den POI zuordnen, ähnlich einer Deskriptorenverwaltung.	Muß
Kategorisieren nach Begriffen.	Muß
Abfrage nach Begriff.	Muß

Tabelle 3: Anforderungen an die Begriffsverwaltung

Anforderung	Erfüllung
Unterscheidung zwischen POI als abstraktem Begriff und Exemplar als physischer Instanz. Beispielsweise soll gleichbleibende Information (abgebildet durch POI) nicht mit jedem Exemplar neu erfaßt werden.	Muß
Exemplarverwaltung, z.B. ein Buch (POI) kann in verschiedenen Exemplaren mit unterschiedlichen Besitzern vorliegen.	Muß

---

[16] Flexible Information System for Hypermedia, Systor-internes Projekt zur dynamischen Modellierung auf der Metaebene. Erlaubt zur Laufzeit die Definition von Klassen und die Zuordnung von Attributen über ein GUI.

Anforderung	Erfüllung
Erfassen der physischen Aufbewahrungsorte der einzelnen POI bzw. ihrer Exemplare.	Muß
Exemplar ausleihen & zurückgeben, d.h. Bibliotheks- bzw. Mediathekverwaltung.	Wunsch
Bestellverwaltung für POI, d.h. Rückrufe, falls ausgeliehen bzw. Einkauf eines Exemplars.	Nice to Have

Tabelle 4: Anforderungen an die Exemplarverwaltung

Anforderung	Erfüllung
Persönliche Sicht/Profil erstellen.	Muß
Lesen & Browsen.	Muß
Verwaltung von Metainformation, z.B. Relevanz, Abstraktionsgrad.	Muß
Verschiedene Benutzertypen mit abgegrenzten Aufgaben und Rechten.	Wunsch
Für Konferenz/Workshop anmelden.	Nice to Have
Suche nach potentiellen Duplikaten.	Nice to Have

Tabelle 5: Generelle Anforderungen

Wie bereits erwähnt, sind die Tabellen im Umfeld von Office Information Description & Handling einzuordnen. Sie erheben keinen Anspruch auf Vollständigkeit, sondern sollen nur einen Eindruck der heterogenen Anforderungsstruktur geben. Die erarbeiteten Requirements an das Information Management-System werden im folgenden durch ein Business-Model, den zugehörigen Prozessen und Services abgebildet.

3.2 Business Model - Overview

Das in diesem Kapitel erläuterte Modell stellt alle zur Darstellung notwendigen Business Concept Objekte auf hoher Abstraktionsebene dar. So wird bewußt auf Attribute der Klassen verzichtet sowie auf eine vollzählige Aufzählung z.B. aller möglichen *Container*. Vielmehr steht die Struktur und der Zusammenhang im Vordergrund.

Die einzelnen Objekte werden in Kapitel 3.3 näher erläutert, an dieser Stelle sei das Modell in seiner Ganzheit dargestellt:

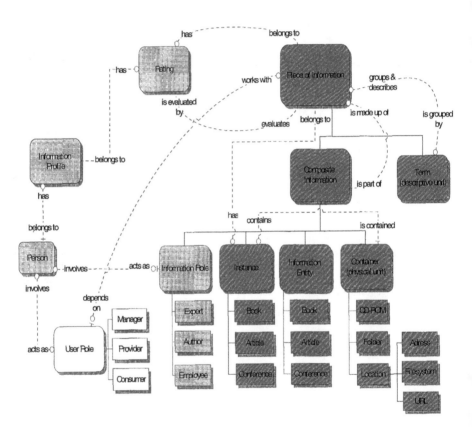

Abbildung 16: Business Information Model

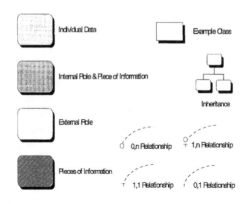

Abbildung 17: Legende Business Information Model

Die Vorgehensweise der Modellerklärung wird in drei bzw. zwei Schritte gegliedert. Sie ist hier graphisch dargestellt und im folgenden erläutert:

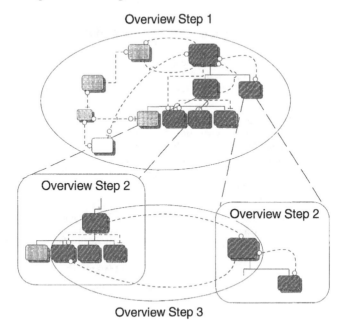

Abbildung 18: Vorgehensweise zur Modellerläuterung (vgl. [IBM96, 13])

Das Verfahren gliedert sich in drei Phasen:

1. Ein Überblick über das gesamte Modell, wie er bereits in diesem Kapitel erfolgt ist. Er zeigt alle Zusammenhänge auf einen Blick und erlaubt es, sich zu orientieren, ohne mit Details belastet zu werden. Besonders für Leser mit unterschiedlichen Kenntnissen, wie z.B. Benutzer oder Applikationsentwickler, ist dies von Vorteil. Ein Benutzer sieht sein spezifisches Interessen- bzw. Tätigkeitsfeld im Zusammenhang zum restlichen Modell, während ein Entwickler die Basis für eine Umsetzung erkennt. Somit kann die Abbildung 16 in den folgenden Kapiteln als Referenz zum Verständnis benutzt werden.

2. Eine detaillierte Beschreibung der einzelnen Business Concept Objekte wie sie in Kapitel 3.3 erfolgt. Hier werden die Erfahrungen aus dem 2. Kapitel zusammengetragen, um den erarbeiteten Anforderungen Rechnung zu tragen. Bei der hohen Dichte an konzeptionellen Gedanken, die sich hinter den einzelnen Objekten verbergen, ist eine solche Vorgehensweise unumgänglich.

3. Die Erläuterung der verbindenden Assoziationen unter den Geschäftsobjekten. Der dritte Schritt wird in dieser Arbeit zusammen mit dem zweiten durchgeführt, da die Menge der zu erklärenden Verbindungen überschaubar ist und somit zusammen mit den entsprechenden Objekten erfolgen kann.

Obwohl der zweite Schritt in [IBM96,13] noch als „Overview Step" beschrieben wird, ist in dieser Arbeit die Bezeichnung „Details" zutreffender.

3.3 Business Concept Object - Details

Was ist nun charakteristisch für ein Business Concept Object (BCO)? Ein BCO hat eine signifikante Bedeutung im abgebildeten geschäftlichen Umfeld und seine eigene Identität: „BCOs are objects that have business significance to business people and that have identity." [IBM96, 8]

Die angesprochene Signifikanz der Objekte soll ausdrücken, daß jemand, der Information verwalten will, auch in diesen Begriffen spricht und sie versteht. So wie FSOM sich in Sachverhalten der Finanzwelt artikuliert, so macht sich dieses Modell durch die Terminologie der Informationsverwaltung verständlich. Daher steht in dieser Sichtweise nicht die Technik im Vordergrund, sondern das Konzept. Inwieweit die BCOs bei der Implementierung mit zu entwickelnden Klassen korrespondieren, ist für den Analyse-Prozeß irrelevant. Dieser Schritt wird erst im Kapitel 5 getan.

Mit Identität ist die Unverwechselbarkeit zweier BCOs gemeint. Ein Personen-Objekt kann z.B. genau die gleichen Attributwerte für Name und Vorname besitzen, ist aber immer noch eindeutig. Dies entspricht der Abbildung der realen Welt: Selbst wenn zwei Personen den gleichen Namen, das gleiche Geburtsdatum und die gleiche Adresse besitzen, so sind sie noch immer unterschiedlich, da die Identität über diese Merkmale hinaus geht.

Um das im vorherigen Kapitel abgebildete Modell verstehen zu können, werden im folgenden alle BCOs einzeln erläutert.

3.3.1 Piece of Information

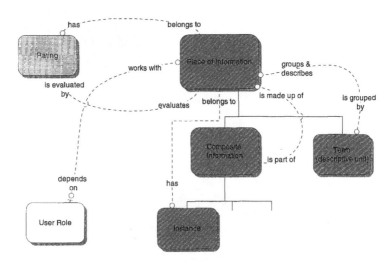

Abbildung 19: BCO-Details - Piece of Information

Wie schon aus der Grafik ersichtlich, ist *Piece of Information* (POI) das zentrale Objekt im Modell. Wenn Information in oder aus dem System kommt, so ist es, unabhängig von seiner Detailstruktur, durch ein *Piece of Information* gekapselt. Der Hintergrund dafür liegt in der äußerst heterogenen Welt der unterschiedlichen Informationstypen: Änderung und Neuerstellung sind an der Tagesordnung, und nicht jedesmal kann eine individuelle, neue Klassenhierarchie ins Leben gerufen werden. Somit liefert *Piece of Information* diese Struktur sowie Funktionalität wie Exemplarverwaltung (siehe 3.3.5 *Instance*) oder Bewertung (siehe 3.3.11 *Rating*).

Ein weiterer Vorteil ist, daß systemweit immer nur mit POI umgegangen werden kann: Das vereinfacht die Methodenentwicklung und die Dynamisierung des GUI bei einer Realisierung.

Die Umsetzung dieser Kapselung geht für die Business-Sicht zu tief in technische Details, der Didaktik halber soll hier POI als abstrakte Klasse verstanden werden, d.h. davon existieren keine direkten Instanzen. Jedoch ist aufgrund der Vererbungsstruktur jede abgeleitete Klasse, wie z.B. der *Container* CD-ROM, mit allen Eigenschaften von POI behaftet. Auch im Umgang mit dem Modell sprechen wir davon, neue POI zu erzeugen. Damit sind in diesem Zusammenhang konkrete Klassen aus der Vererbungshierarchie gemeint, die über den Begriff **POI** zusammengefaßt werden - nicht etwa eine Instanz der abstrakten Klasse, die sich sozusagen im luftleeren Raum befindet.

3.3.2 Composite Information

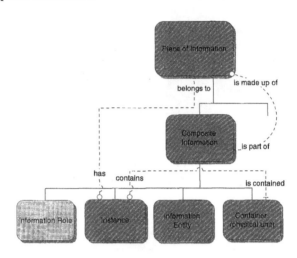

Abbildung 20: BCO-Details - Composite Information

Composite Information ist die zweite abstrakte Klasse des Modells. Wie auch POI kapselt sie Funktionalität, die weitervererbt werden soll: in diesem Fall den modularen Aufbau bzw. das Baukastenprinzip des Systems.

Was hat man nun konkret unter *Composite Information* zu verstehen? Wie der Name schon ausdrückt, handelt es sich um zusammengesetzte bzw. zusammensetzbare Informationen. Abstrakt wird dies durch die „part of"-Beziehung zu POI abgebildet. Dies entspricht dem „Composite Structural Pattern" [GAM94, 163ff.]. Ein Beispiel dafür ist eine *Information Entity* „Artikel", die neben einfachen Attributen wie Seitenzahl auch über einen Autor und einen Verlag beschrieben wird, die wiederum selbst als POI im System erfaßt sind.

Diese Architektur erlaubt den Klassen, die von *Composite Information* erben (*Information Role, Instance, Information Entity* und *Container*), die völlig unabhängige Schachtelung untereinander. Dies hat einen hohen Wiederverwendungsgrad und Konsistenz des Systems zufolge:

♦ Informationstypen, die einmal entworfen wurden, stehen fortan dem ganzen System zur Verfügung: z.B. kann die *Information Entity* „Artikel" ebenso zum Design von Proceedings wie zu Zeitschriften verwendet werden. Inwieweit dieser Mechanismus zur Modellierung auf der Metaebene umgesetzt werden kann, wird in Kapitel 4.3 näher behandelt.

♦ *Composite Information* die dem System einmal zur Verfügung steht, kann bei dem Dialogdesign auf einfache Weise zur Vermeidung von Fehl- oder Doppeleingaben eingesetzt werden und trägt somit zur Konsistenz der Daten bei. Beispiele dafür wären Auswahlverfahren der GUI auf Basis vorhandener *Composite Information*.

3.3.3 Term

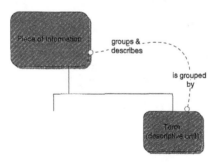

Abbildung 21: BCO-Details - Term

Der Begriff ist im Gegensatz zum *Container* eine beschreibende Einheit von POI. Einerseits werden Begriffe zur Umschreibung eines Konzepts, Sachverhaltes oder Gegenstandes verwendet. Der Begriff ist nur innerhalb eines bestimmten Kontexts gültig bzw. erhält seinen Sinn, welcher durch seine Beschreibung (Umschreibung, Definition) erläutert wird. Ein Begriff kann aus mehreren Wörtern bestehen, falls ein Wort nicht für eine ausreichende Beschreibung des Sachverhaltes genügt (z.B. Travelling Object).

Andererseits bestehen Beziehungen zu anderen Begriffen. Da Begriffe auch POI sind, wird dies durch eine Relation zwischen beiden abgebildet. Somit kann z.B. neben der Begriffsdefinition von Travelling Objects auch ein Verweis auf das POI Intelligent Agents erstellt werden. Dadurch entsteht das in Abbildung 22 dargestellte Wörterbuch und das Semantische Netzwerk:

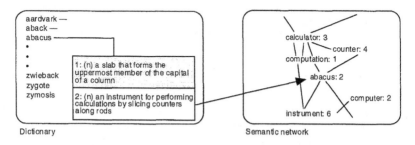

Abbildung 22: Dictionary & Semantic Network [BAI95], [BAI96]

Neben den einfachen Begriffen, den **Basic Terms**, gibt es auch Über- oder Sammelbegriffe: die **Generic Terms**. Durch sie lassen sich Begriffe, aber auch beliebige andere POI zu einer Einheit zusammenfassen. Wie in einem Dateisystem durch Unterverzeichnisse Ordnung geschaffen wird, so wird durch die *Generic Terms* Struktur in das Informationssystem gebracht. Diese kann netzartig aufgebaut werden, um größtmögliche Flexibilität zu gewährleisten. Ein Beispiel für die Anwendung des Konzepts ist ein unternehmensinternes Projekt, das unter seinem Namen als *Generic Term* erfaßt ist. Es ist definiert, beispielsweise durch die Ausschreibung, gruppiert seine Mitarbeiter über die *Information Role* Employee, und referenziert diverse andere Begriffe als sachlich verwandt. Abbildung 23 zeigt, wie sich dieser Sachverhalt dem Anwender als Baumstruktur präsentieren kann:

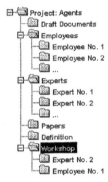

Abbildung 23: Treeview eines Generic Terms

Dadurch, daß hier ein Netz auf einen Baum abgebildet wird, erscheinen Knoten mit mehreren Verbindungen doppelt (z.B. Employee No. 1). Dies ist aber lediglich eine Frage der Darstellungsweise und hat nichts mit Redundanz in der Modellierung zu tun.

Während Projekte individuell erschaffene POI sind, existiert auch Bedarf nach allgemeiner **Kategorisierung** der Objekte. Wie über die Erweiterung im Dateinamen eines Filesystems, sollen die Informationen in Gruppen eingeteilt werden. Im Gegensatz zum Dateisystem geschieht dies aber weitgehend automatisch und ist nicht nur auf eine Kategorie beschränkt. Bestimmten Informationstypen kann per Voreinstellung eine solche Kategorisierung zugeordnet werden, z.B. dem Buch die Kategorie Literatur und Publikation. Individuelle Zuordnungen lassen sich jederzeit einfügen. So ist es möglich, aus einem System nur Information zu einer bestimmten Kategorie zu erhalten, z.B. nur wissenschaftliche Arbeiten zum Thema Workflow. Der Begriff „Wissenschaftliche Arbeit" ist dem obigen Paradigma folgend ein *Term* (Definition des Begriffes „Wissenschaftliche Arbeit") und eine Kategorie.

Darüber hinaus sind *Generic Terms* dazu geeignet, bei Bedarf dynamische bzw. temporäre Gruppierungen vorzunehmen. Ähnlich einer Zwischenablage faßt der Begriff POI zusammen, um sie beispielsweise einer gemeinsamen Verarbeitung zuzuführen. Dies kann ein gruppiertes Verschicken per E-Mail oder ein Druckauftrag sein. Bestehen bleibt die Zusammenfassung nur vorübergehend, etwa bis zum Zeitpunkt der Abmeldung vom System oder durch manuelle Aufhebung durch den Benutzer selbst.

Eine weitere Verwendung für die Beziehung zwischen den Begriffen ist die Abbildung von Verwandschaft untereinander. Eine reine flache Verknüpfung zwischen zwei *Terms* sagt noch nichts über die Stärke dieser Verbindung aus. Sind sie Synonyme, also zu 100% verwandt? Oder sind es Ober- und Unterbegriffe, was die Stärke der Verbindung abhängig von der Betrachtungsseite macht. Um dieser Problematik Rechnung zu tragen, wurde der sogenannte „Concept Tree" [BAI95] entwickelt:

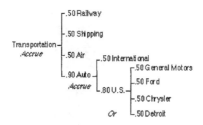

Abbildung 24: Concept Tree [BAI95]

Hier sind die Beziehungen in zehn unterschiedlichen Stufen bewertet (0,1 - 1,0). Inwieweit eine Beurteilung in zehn Stufen praktikabel ist, hängt von der Problemstellung ab, jedoch bietet dieser Baum eine weitaus höhere Transparenz und einen höheren Informationsgehalt als eine flache Verknüpfungsweise.

Die Umsetzung dieses Konzeptes ist nicht nur auf die Beziehungen zwischen Begriffen beschränkt. Es kann ebensogut die Verwandschaft zwischen beliebigen POI abbilden. Dies wird in unserem Modell am besten über das BCO *Rating* (siehe Kapitel 3.3.11) erreicht und kann dort an zentraler Stelle auch für die Begriffe angewandt werden.

3.3.4 Information Entity

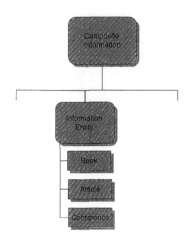

Abbildung 25: BCO-Details - Information Entity

Die sogenannte *Information Entity* stellt nun individuelle Informationstypen dar. Sie erbt das Baukastenprinzip direkt von *Composite Information*. Dieses BCO entspricht den Vorstellungen der Benutzer von Information: Bücher, Notizen, Artikel. Diese Typen bilden den Kern eines zu implementierenden Systems.

Die Definition und Abgrenzung dieser ist ein eigener Prozeß[17] und setzt Kenntnis der Informationsstruktur und -zusammenhänge im geschäftlichen Umfeld voraus. Die Modellierung solcher Typdefinitionen obliegt dem Information Manager (siehe *User Role* 3.3.9), ein Basis-Set ist jedoch bei jedem System denkbar. Insbesondere die Trennung zwischen *Container* und *Information Entity* erweist sich als schwierig. Ein Hängeregister beispielsweise kann noch relativ einfach als simpler Aufbewahrungsort für Informationseinheiten begriffen werden. Wenn man diesen Gedanken jedoch zu Ende denkt, gesellt sich neben der CD-ROM auch das Proceeding und die Zeitschrift zu den reinen physischen Hüllen um die eigentliche Information - in diesem Fall der Artikel. Die Nachteile, die dieses Vorgehen auf den ersten Blick für die Benutzung eines Systems hat, sind leicht durch das GUI zu kompensieren: Der Anwender wird transparent durch die Bearbeitungsvorgänge geführt, ohne Verständnis dessen vorauszusetzen, welche Objekte wann und wie gruppiert auf der Datenbank angelegt werden.

Die Informationstypen variieren je nach Umfeld, jedoch erlaubt die Modellierung die geforderte hohe Dynamik in diesem Bereich durch die Kapselung über POI. Inwiefern diese Modellierung realisiert wird, insbesondere wie dynamisch, steht nicht im Vordergrund.

---

[17] Siehe Kapitel 4.3.

3.3.5 Instance

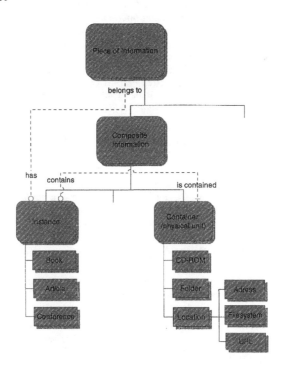

Abbildung 26: BCO-Details - Instance

Der englische Begriff *Instance* ist an dieser Stelle etwas mißverständlich. Gemeint ist nicht die Instanz im objektorientierten Sinne wie sie durch Software umgesetzt wird, sondern das Exemplar. Exemplar aber wird im englischen auch durch „copy" übersetzt, was ein noch größeres Verwechslungspotential darstellt, weshalb hier im weiteren der Begriff „Instance" verwendet wird.

Mit Instanz ist hier z.B. ein konkretes Buch gemeint, das in drei Exemplaren vorliegt, oder eine Konferenz, die regelmäßig stattfindet und deren einzelne Veranstaltungen auch als Exemplare bezeichnet werden können. Mit der Instanz wird Redundanz vermieden, denn Information, die sich **nicht** von Exemplar zu Exemplar ändert, wird über *Piece of Information* verwaltet.

Wie man an dem angeführten Beispiel schon erkennen konnte, herrscht auch hier eine hohe Heterogenität unter den Instanztypen. Bücherexemplare wollen anders behandelt werden als Konferenzveranstaltungen, Bücher kann man ausleihen, Konferenzen buchen, wiederum andere POI brauchen keine Instanzen! Für die fünf verschiedenen *Pieces of Information* lassen sich an dieser Stelle zusammenfassend folgende Aussagen treffen:

1. *Information Entity*: Der sich unter *Information Entity* befindliche Baum an Informationstypen, wird sich auf Exemplarebene teilweise wiederfinden. Bei der Abgrenzung zwischen Instanz und *Information Entity* ist oft eine Entscheidung bezüglich der Gewichtung jedes einzelnen zu treffen: Soll z.B. ein Buch über mehrere Auflagen hinweg als ein und das selbe POI geführt werden, so ist sicher das Erscheinungsjahr und die Auflagenummer Element der Instanz, denn sie sind veränderlich. Falls für jede Auflage ein eigenes POI gebildet wird, so kann das Erscheinungsjahr Attribut von der *Information Entity* sein. Im ersten Fall hat das Exemplar die höhere Informationsdichte, im zweiten Fall die Entität. Beispiel für eine *Information Entity* ohne Bedarf für Exemplarverwaltung ist die E-Mail: Sie kann im System atomar verwaltet werden.

2. *Container*: Bei den *Containern* kann zwischen zwei Arten unterschieden werden: solche die keine Instanz besitzen (z.B. Ordner, ähnlich der E-Mail) und solchen mit beliebig vielen (z.B. CD-ROM). Im Kapitel zu den *Containern* wird noch genauer auf diese Problematik eingegangen.

3. *Information Role*: Die Verwaltung der Informationsrolle einer *Person* im System wird nicht mit Exemplaren verknüpft. Vielmehr verhält sich die *Information Role* selbst schon wie das „Exemplar" zu einer *Person*. Eine *Person* kann mehrere dieser Rollen einnehmen, die mit ihren individuellen Attributen gefüllt werden - im Gegensatz zu den *User Roles*, die als „Singletons[18]„ [GAM94, 127], [BEN97, 76] zu verstehen sind. Die Abschnitte zu den Rollen behandeln diese Aspekte eingehender.

Um das Modell durchgängig zu realisieren, ist es bei den ersten drei Fällen denkbar, immer zumindest **eine** Instanz per POI zu erstellen, selbst wenn es konzeptionell nicht notwendig ist (z.B. bei E-Mail oder Ordner). Insbesondere wenn die Containerzuordnung zwingend Exemplare voraussetzt, ist diese Möglichkeit in Betracht zu ziehen (vgl. Abbildung 28).

4. *Term*: Bei den Begriffen macht die Verwaltung einzelner Exemplare keinen Sinn. Sie sind einmalig definiert und besitzen keine physische Repräsentation.

5. *Instance*: Das Exemplar besitzt selbstverständlich selbst keine Instanz mehr.

Bei dem Entwurf des Modells wurde vor allem die Umsetzung des Exemplargedankens oft kontrovers diskutiert. Insbesondere das Design der Instanzen als *Pieces of Information* und somit gleichberechtigt zu den *Information Entities* hing stark von der Sichtweise des Betrachters ab. Man kann einerseits die Exemplare als reine Anhängsel zu den POI betrachten, die keine Gleichbehandlung rechtfertigen. Eine Ausgliederung der Instanzen aus der Vererbungshierarchie der *Pieces of Information* und ein separates Design würde auch die Komplexität des Modells verringern sowie den Overhead zur Verwaltung der beinahe doppelten Menge an POI reduzieren. Sinnvoll ist die Vorgehensweise z.B. für Zeitschriftenexemplare, die nur unterschiedliche Standorte und Eigentümer besitzen.

Andererseits erlangen bestimmte Instanzen entscheidend höheren Informationsgehalt als die Information Entities, warum sollten also gerade sie keine POI sein? Ein Beispiel dafür sind die Konferenzen: Während der Titel und vielleicht der Austragungsort gleich bleiben, ändern sich von mal zu mal Themen, Teilnehmer, Vorträge und auch die gesamte Liste an Dokumentreferenzen, die alle im Exemplar abgelegt sind. Diese Menge an relevanten

---

[18] „**Singleton** -- (a set containing a single member) ⇒ set -- (a group of things of the same kind that belong together and are so used)." [WOR97]. In der Objektorientierung ist ein Singleton das Objekt einer Klasse, die nur ein einziges Mal instanziiert wird.

Informationen aus dem POI-Kreislauf auszuschließen, ist unverantwortbar. Damit gehen alle Funktionen und Zugriffsmöglichkeiten verloren, die einem *Piece of Information* sonst zur Verfügung stehen würden. Bei Änderungen an Typvorgaben[19] der Exemplare ohne ein Kapselungsprinzip wie es POI hat, sind alle Verknüpfungen mit diesem Typ hinfällig. Wird dagegen die *Instance* in die Vererbungshierarchie miteinbezogen, so steht sie über die dem Anwender bekannte Schnittstelle als POI zu Verfügung. Somit kann sie über die üblichen Verfahren wiedergefunden und gewartet werden

Die Verwendung der Exemplarfunktionalität ist nicht zwingend. Jedes *Piece of Information* kann ohne entsprechende Instanz modelliert werden. Dabei ist der Spielraum beim individuellen Ausbalancieren zwischen den beiden ausreichend groß. Selbst wenn somit in manchen Fällen für die Exemplare mehr Funktionalität als benötigt zur Verfügung steht, so überwiegen die Vorteile dieser Alternative mit ihrer Flexibilität und Offenheit. Ihr wurde im Modell der Vorzug gegeben.

---

[19] Entspricht Änderungen auf der Meta- bzw. Klassenebene.

3.3.6 Container

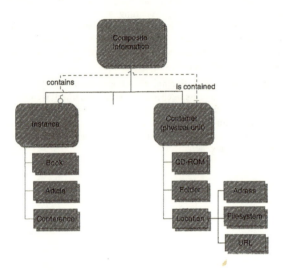

Abbildung 27: BCO-Details - Container

Über das BCO *Container* wird die (Re-)Lokalisierung eines POI-Exemplars bewerkstelligt. Um es an dieser Stelle noch einmal zu verdeutlichen: *Pieces of Information* sind Metainformationen. Somit ist mit der Containerfunktion nicht Document Management im Sinne von Originalverwaltung gemeint. Vielmehr wird hier der Standort des Originals abgebildet, ähnlich wie in einem Bibliothekssystem. Bei physischen Medien wie Büchern oder Zeitschriften kann ein Informationssystem die Originale sowieso nicht elektronisch zur Verfügung stellen - es kann nur dazu beitragen sie aufzufinden und Auskunft geben, um was es sich bei ihnen handelt. Bei den elektronischen Medien würde ein Konzept zur Originalverwaltung den Rahmen der Diplomarbeit sprengen, deshalb sei auf die Kapitel 3.5 und 2.3.1 für Lösungsansätze verwiesen

Der *Container* ist also das Bindeglied zwischen Meta- und Originalinformation und verwaltet Exemplare. Diesbezüglich haben wir bereits die Problematik zu den instanzlosen POI angesprochen: Sie können ohne Exemplar nicht in einem *Container* enthalten sein. Der Gedanke dabei ist, daß man nur das einzelne Exemplar physisch wiederfinden kann, während das POI eine abstrakte Darstellung der Information ist, die nur im System existiert. Um dieses Problem zu lösen, gibt es zwei Alternativen:

I.   Jedes POI kann nur mit mindestens einem Exemplar existieren. In diesem Fall ist das Exemplar leer, sozusagen nur ein Zeiger auf das POI. Der Benutzer muß von dieser Vorgehensweise nicht behelligt werden, sie kann vollkommen transparent vom System gehandelt werden. Der Vorteil ist eine durchgängig gleichbleibende Umsetzung des Modells ohne Sonderregelungen. Der Nachteil ist die zusätzliche Menge an Objekten die verwaltet werden muß.

II.   Die per Definition exemplarlosen POI können von den *Containern* direkt aufgenommen werden. Dies erhöht jedoch die Programmkomplexität, da dies über Ausnahmeregelungen abgefangen werden muß. Der Vorteil ist die verringerte Menge an Objekten im System und die Vermeidung eines Umweges über *Instance*.

Wir empfehlen die Umsetzung der ersten Alternative, da sich damit auch weitere Fragestellungen lösen lassen.

Die Modellierung der *Container* erlaubt eine rekursive Schachtelung ihrer selbst: z.B. kann eine CD-ROM ein Buch-Exemplar enthalten, das CD-ROM Exemplar selbst wiederum in einem Schrank enthalten sein. Welche dieser Schachtelungen erlaubt sind, muß über Constraints definiert werden (z.B. kein Schrank in einer Zeitschrift). Bei den *Containern* lassen sich drei verschiedene Typen unterscheiden:

1. Hybriden zwischen *Information Entity* und *Container*, wie z.B. Bücher, die Artikel enthalten. Sie werden als *Container* realisiert - in diesem Falle ein Proceeding. Weitere Beispiele sind Zeitschriften oder Buchbände. Warum sind dies Hybriden? Alle diese *Container* selbst können wiederum in mehreren Exemplaren vorliegen - im Gegenteil zu einem Schrank, den es nur einmal gibt.

2. Einfache *Container* wie Ordner, Schränke oder auch Gebäude. Sie sind klassische POI, die nicht in (identischen) Exemplaren vorliegen. Somit zählen sie zu der Kategorie, bei der wir die Alternative I zur Realisierung empfehlen. Theoretisch könnte man auch von einem Ordner mehrere Instanzen bilden, jedoch hätte jede dieser Instanzen wieder den gleichen Inhalt[20], was nur in den seltensten Fällen Sinn macht. Aber selbst dann ist man mit Alternative I auf der sicheren Seite. Auf diesem Wege können auch die Schachtelungen unter den *Container* problemlos bewerkstelligt werden. Mit Alternative 2 müßten diese mit Sonderregeln in das Schachtelungsprinzip integriert werden.

3. Final Location: An einem Punkt, an dem Schachtelungen nicht weiter sinnvoll erscheinen, kommt die Final Location ins Spiel. Hier handelt es sich z.B. um Adressen, seien sie real (z.B. Firmenanschriften) oder logisch (z.B. Internet-URLs). Theoretisch könnte man versuchen, die gesamte Welt in *Container* zu stecken, der Aufwand steigt dann jedoch ins Unermeßliche. Final Location ist endgültig: sie hat **weder Instanzen** noch kann sie **geschachtelt** werden (dafür fehlen ihr eben die Instanzen). Deshalb wird für jede neue Adresse oder URL ein neues POI angelegt. Es herrscht jedoch Spielraum, bis zu welcher Granularität man die einfachen *Container* einsetzen will: z.B. bei Adressen auf Gebäude- oder Stadtebene, bei URLs auf Server- oder Domainebene. Ein höherer Detaillierungsgrad bietet Vorteile bei Änderungsarbeiten, da sich eine Update auf alle verbundenen Knoten auswirkt. Eine Änderung der Postleitzahl, zum Beispiel auf der Ebene Stadt, wirkt sich bei einem einfachen *Container* anders aus als bei einer Final Location: Ist die Stadt ein eigener Knoten, so muß nur an dieser Stelle eingegriffen werden. Bei der Final Location hingegen müssen alle Adressen nach dieser Stadt durchsucht und jedes entsprechende POI geändert werden. Ob die Häufigkeit solcher Änderungen allerdings die Verwaltung eines eigenen Knotens mitsamt seinen Verbindungen rechtfertigt, muß individuell entschieden werden. Bei der Umsetzung der Final Location gibt es mehrere mögliche Ansätze:

---

[20] Analog zu einer Zeitschriftenausgabe, deren Exemplare immer den gleichen Inhalt besitzen.

♦ Die Location verhält sich gemäß **Alternative I** wie alle anderen *Container* auch - sie kann nur Exemplare enthalten. Da somit auch alle *Information Roles* eine Instanz besitzen, kann man z.B. Angestellte einer Firmenadresse zuordnen.

♦ Die Implementierung der **Alternative II** fordert auch hier den Einsatz einer Sonderregel: Einfache *Container* können ohne Exemplar der Final Location zugeordnet werden, alle anderen, eingeschlossen die Hybriden, nur über ihre Exemplare.

♦ Auf Basis von Alternative II lassen sich sowohl Exemplare als auch alle anderen POI unabhängig und willkürlich zuordnen, sozusagen als **Alternative III**, die nur für die Final Location gültig ist. Diese Möglichkeit bietet die größtmögliche Offenheit, kann aber gerade deshalb zu redundanten oder mißverständlichen Zuordnungen führen, da keine Zuordnungsregeln mehr bestehen.

Um die in diesem Kapitel getroffenen Aussagen an einem Beispiel zu verdeutlichen, zeigt Abbildung 28 ein Objektdiagramm auf Basis der Alternative I:

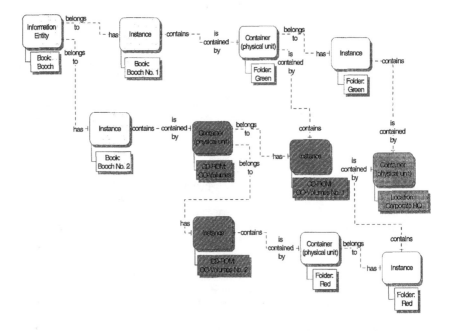

Abbildung 28: Beispiel für Exemplare

Folgende Typen von POI sind dargestellt:

♦ *Information Entity* (Book: Booch),

♦ **Hybride** (CD-ROM: OO-Volumes),

♦ **Einfache** *Container* (Folder: Red, Folder: Green)

♦ **Final Location** (Location: Corporate HQ)

♦ *Instance* (Booch No. 1 & 2, OO-Volumes 1 & 2; Empty: Folder Red & Green)

Die Exemplare der beiden einfachen *Container*, den Foldern, sind aufgrund der Umsetzungsalternative erzeugt worden. Aus Sicht der Informationsablage genügt ein Folder ohne *Instance*.

Ein Besucher, der das Buch von Booch ausfindig machen will, wird in einem umgesetzten System mit folgendem konfrontiert:

1. Das Buch ist in zwei Exemplaren vorhanden.

2. Ein Exemplar ist physisch, also in Buchform, in dem grünen Ordner zu finden.

3. Ein anderes Exemplar ist elektronisch auf einer CD-ROM gespeichert, zusammen mit anderen Informationen, die für den Benutzer nicht relevant sind.

4. Die CD-ROM existiert zweimal.

5. Einmal liegt sie im grünen Ordner, zusammen mit dem Buch.

6. Das andere Exemplar befindet sich im roten Ordner.

7. Die beiden Ordner stehen im Hauptsitz des Unternehmens.

Dieser Sachverhalt entspricht einer Netzstruktur. Um sie dem Benutzer zu präsentieren, ist jedoch eine Verflachung durch eine hierarchische Baumstruktur von Vorteil.

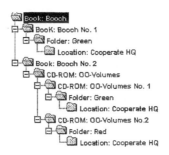

Abbildung 29: Treeview einer Exemplarstruktur

Wie durch die Grafik ersichtlich, sind die Instanzen der beiden Ordner transparent, d.h. der Benutzer bemerkt ihr Vorhandensein nicht. Die Detaillierungsstufe bestimmt der Benutzer selbst durch Öffnen und Schließen der Zweige. Obwohl die Final Location scheinbar redundant vorkommt, ist dies nicht der Fall. Der Grund liegt in der Sichtweise des Buches. Die ebenso mögliche Betrachtungsweise aus der Warte des Corporate HQ listet wiederum das Buch mehrmals als Endknoten. Dies entspricht einer Strukturstückliste bzw. einem Teileverwendungsnachweis, wie sie durch PPS-Systeme angewandt werden.

3.3.7 Person

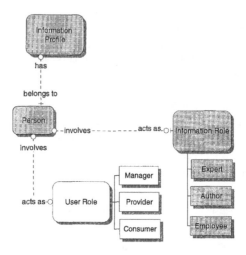

Abbildung 30: BCO-Details - Person

Das BCO bildet die Ausgangsbasis aller personenbezogenen Informationen im Modell. Dabei ist irrelevant, welche Rollen die *Person* letztendlich inne hat. Redundante Daten treten dabei nicht auf, da nur rollenunabhängige Aspekte wie Name oder Geburtsdatum erfaßt werden. Dies trägt der Tatsache Rechnung, daß Personen z.B. Anwender des Systems sein können als auch Buchautoren oder Kontaktpersonen zu Firmen, die nie mit dem Unternehmen in Berührung gekommen sind.

Bei dem Design der *Person* im Business Information Model fiel die Entscheidung bewußt gegen eine Abbildung als POI. Dies hat folgende Vor- und Nachteile:

Vorteile:

◆ Niemand trägt eine *Person* ohne entsprechende Rolle in das System ein. Eine Verwendung von Personen ohne Rollen verleitet dazu, die Rollen generell außer acht zu lassen.

◆ Durch die zwingende Zuordnung einer Rolle erhöht sich der Informationsgehalt des Modells.

Nachteile:

◆ Aufwendige Übersicht aller Personen durch den Umweg über die Rollen. Allerdings ist dies ein rein technisches Argument.

◆ Eine Rolle hat keine direkte Verknüpfung zu den anderen Rollen derselben *Person* im System. Dies ist ebenfalls ein technisches Argument, da eine Datenbank die Verbindung auflösen kann.

3.3.8 Information Role

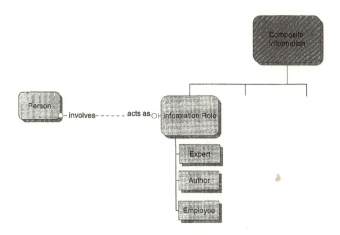

Abbildung 31: BCO-Details - Information Role

Die *Information Role* einer *Person* ist gekennzeichnet durch seine Vererbung von POI. Eine *Person* ist ohne diese interne Rolle keine Information im Sinne der POI-Definition: Da das System sich ausschließlich über *Pieces of Information* präsentiert, ist eine *Person* ohne Rolle für den Benutzer nicht vorhanden. Allerdings wird eine *Person* nur in den seltensten Fällen ohne eine interne Rolle erfaßt, meist ist sie z.B. ein Mitarbeiter, ein Experte oder ein Autor.

Eine *Person* kann mehrere Rollen wahrnehmen, ohne Überschneidungen oder Redundanz zu befürchten. Die Daten, die rollenunabhängig sind, werden im BCO *Person* abgelegt, die *Information Roles* sind unter sich genau abgegrenzt. Zum Beispiel gehören die Skills zum Angestellten, das Know-how zum Experten und die Publikationen zum Autor. Die konkrete Modellierung einer solchen Rolle ist eine weitere Aufgabe des Information Managers[21]. Im Unterschied zur *User Role* liegt hier das Augenmerk auf Informationen die für das Modell intern von Bedeutung sind.

Da das BCO ebenfalls von *Composite Information* erbt, kann es zur Gestaltung beliebiger POI wiederverwendet werden. Die *Information Role* kommt ohne Exemplar aus. Vielmehr verhält sie sich zum BCO *Person* ähnlich wie BCO *Instance* zu BCO *Information Entity*: die allgemeinen Daten werden in *Person* bzw. *Entity* abgelegt, die speziellen in *Role* bzw. *Instance*. Das Verschmelzen der entsprechenden Paare würde jedoch den Begriff des Exemplars überstrapazieren. Schließlich kann ein Mensch in mehreren Rollen agieren, in mehreren Exemplaren existieren aber nicht! Um das Modell jedoch in der Instanzverwaltung durchgängig zu gestalten, können zu jeder Rolle Exemplare erstellt werden, um sie z.B. *Containern* zuzuordnen, wie es bereits im entsprechenden Kapitel erläutert wurde.

---

[21] Siehe Kapitel 3.3.9.

3.3.9 User Role

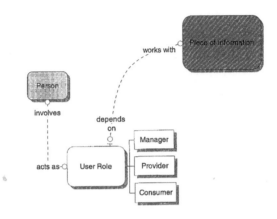

Abbildung 32: BCO-Details - User Role

Die Benutzerrolle einer *Person* bestimmt deren Umgang mit dem System. Im Gegensatz zur Information- sind die *User-Roles* keine *Pieces of Information*.

Dies hat mehrere Gründe. Zum einen sind die drei dargestellten Benutzerrollen keine eigentlichen individuellen Informationen. Vielmehr stellen sie immer gleichbleibende Rechte und Pflichten dar, die von den jeweiligen Benutzergruppen übernommen werden. Somit ist mit diesem BCO die externe Sicht auf das Modell dargestellt, die als internes POI keine relevante Information bieten würde. Dies macht genauso wenig Sinn, wie wenn man bei einer Literaturrecherche auf das Useraccount eines Buchautoren zugreifen könnte. Weiterhin sind die Benutzerrollen, im Gegenteil zu den internen Rollen, sogenannte Singletons, d.h. sie sind nicht von Person zu Person verschieden, sondern enthalten ein festes Set an Vorgaben. Eine individuelle Gestaltung der Benutzerrolle würde zwar die Flexibilität des Systems erhöhen, allerdings ist dies für die Mehrzahl der Benutzer, den Konsumenten, über das BCO *Information Profile* realisierbar.

Dennoch verfügt die Benutzerrolle über ihre Daseinsberechtigung innerhalb des Modells. Sie wird z.B. zur Identifikation der *Person* benutzt, die entsprechende Informationen ins System eingetragen bzw. die Typvorgabe entworfen hat. Die „works with"-Beziehung stellt diesen Sachverhalt dar.

Im folgenden werden nun die einzelnen Benutzerrollen und ihre Bedeutung erläutert:

♦ Der **Information Manager** verfügt über ein hohes Verständnis des Informationsmodells, denn seine Aufgabe ist es, dieses zu pflegen und bei Bedarf im Rahmen des Business Context zu erweitern. Er entwickelt sinnvolle Typvorgaben für zu erfassende Informationen und gliedert sie in das System ein. Die Tragweite dieser Vorgaben hat mitunter strategische Dimensionen. Vor allem bei der Entscheidung über die Trennung zwischen POI und seinen Exemplaren beeinflußt dies die Handhabung des Systems wesentlich: Dimensioniert man die Exemplare mit geringem Informationsgehalt gegenüber der instanziierenden Klasse, so erhält man weniger davon. Das Potential eines solchen Exemplars reicht nicht aus, um Differenzen untereinander auszugleichen (z.B. eine neue Ausgabe eines Buches), statt dessen muß ein neues instanziierendes POI angelegt werden. Diese Designentscheidungen verlangen Kenntnisse der potentiellen Konsequenzen und Erfahrung im Umgang mit Information Management. Sobald die Typvorgaben erarbeitet sind, werden Konsistenzvorgaben vom System selbständig überwacht. Ohne die Arbeit des Managers fehlt dem nächsten Benutzertyp die Ausgangsbasis für seine Aufgabe.

♦ Der **Information Provider** ist derjenige, der konkrete Informationen in das Modell einspeist. Er kennt die Vorgehensweise und die Anforderungen, z.B. an die Vollständigkeit seiner Arbeit bzw. wird vom System geführt. Typischerweise ist er ein im Wissensakquisitionsprozeß tätiger Mitarbeiter, beispielsweise aus der Forschungs- und Entwicklungsabteilung. Weiterhin bestimmt er das *Rating* seiner gelieferten Informationen, insofern geht sein Aufgabenbereich über das eines reinen Datentypisten hinaus. Normalerweise wird er als Verantwortlicher seiner Informationen bestimmt. Die Erfüllung seiner Aufgabe ist Voraussetzung für die Arbeit der dritten Benutzerrolle.

♦ Der **Information Consumer** ist der Kunde des Systems. Er will POI wiederfinden, evaluieren oder in Zusammenhang bringen. Falls er sich für kontinuierliche Informationen zu einem bestimmten Thema interessiert, kann er bei einem Benachrichtigungssystem bestimmte POI abonnieren. Für ihn steht durch das *Information Profile* der Weg für diese Individualisierung offen. Über das Profil werden auch die verschiedenen Sichten auf das Business Information Model gesteuert. Das Management eines Unternehmens beispielsweise hat andere Anforderungen an Informationsgehalt- und Präsentation der relevanten POI als die Marketingabteilung. Das persönliche Profil liefert diese Flexibilität aufgrund von dahinter befindlichen Retrievalmechanismen. Weiterhin werden dem Consumer wegen der hochgradig vernetzten Struktur Navigationshilfen vom System angeboten.

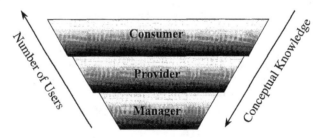

Abbildung 33: Benutzerpyramide

Abbildung 16 zeigt, daß die drei Benutzerrollen keine Überschneidungen besitzen, sie können aber von einer Person zu einem Zeitpunkt nicht gleichzeitig eingenommen werden. Allerdings definiert sich die *User Role* über die Anwendung der einzelnen Systemdienste, die den Rollenwechsel für den Benutzer übernehmen.

3.3.10 Information Profile

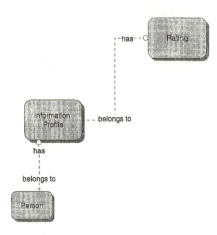

Abbildung 34: BCO-Details - Information Profile

Das Profil einer *Person* steht im engen Zusammenhang zu ihrer *User Role*. Sein Einsatzgebiet ist die Ablage von individuellen Prioritäten in bezug auf den Umgang mit dem Informationssystem. Nur Systembenutzer besitzen ein Profil, der bereits erwähnte Autor außerhalb des Unternehmens ist lediglich eine *Person* mit einer *Information Role*. Er tritt mit dem System nicht direkt in Kontakt.

Im Gegensatz zur Benutzerrolle ist das *Information Profile* persönlich anpaßbar. Beispielsweise werden dort Abonnement-Daten verwaltet und über das *Rating* den POI zugeordnet. Mit einem Abonnement eines bestimmten POI äußert der Anwender sein Interesse an kontinuierlicher Information zu diesem Thema. Diese Informationen werden, ähnlich dem Prinzip einer Maillliste, dem Benutzer nach dem Push-Prinzip zur Verfügung gestellt. Dabei werden bestimmte Schwellenwerte bezüglich der Relevanz berücksichtigt, die man von dem BCO *Rating* erhält. Das Auslösen des Benachrichtigungsmechanismus ist optional an bestimmte Ereignisse verknüpft, so z.B.:

♦ Neuanlage eines POI welches das Abonnierte referenziert,

♦ Änderung des bestellten POI,

♦ Abonnement eines POI (durch eine weitere Person), welches man selbst bestellt oder ggf. erstellt hat. Dies dient dem Finden von Interessengemeinschaften.

Ein weiterer Gesichtspunkt des Profils ist der Business-Context in dem die Person steht. Dieser Kontext kann zum einen über das BCO *Rating* individuell bestimmt und verwaltet werden. Andererseits gibt es bestimmte Präferenzen, die einer ganzen Benutzergruppe zugeordnet werden können. Das umfaßt z.B. Zugriffsrechte oder Detaillierungsgrad von Informationen.

3.3.11 Rating

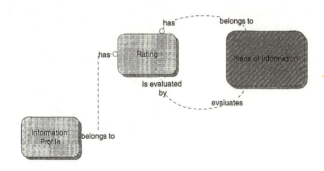

Abbildung 35: BCO-Details - Rating

Information hat unterschiedliche Relevanz. Diese Relevanz ist äußerst subjektiv und von Person zu Person sowie von Information zu Information unterschiedlich: „True relevance measures would require the expert evaluation of the relevance of each document in the collection, a daunting task still based on the evaluators' subjective judgment." [BAI96] Was an dieser Stelle über Dokumente ausgesagt wurde, läßt sich auf Information im allgemeinen übertragen. *Rating* abstrahiert jedoch von dem Prozeß der Relevanzfindung auf die reine Modellbildung. Inwieweit die Relevanz also manuell, automatisch, objektiv oder subjektiv ermittelt wird, spielt hier keine Rolle. Vielmehr trägt das BCO *Rating* den verschiedenen Relevanzfacetten Rechnung.

Einerseits ermöglicht es jedem Benutzer individuell sein Interesse an POI darzustellen und zu bewerten. Andererseits kann jedes POI zu anderen in Verbindung gebracht, sowie diese Verbindung näher spezifiziert werden. Die zwei Sichtweisen werden im folgenden näher erläutert.

Abbildung 36 stellt beispielhaft die **erste Sichtweise** auf das Ratingobjekt dar: aus der Perspektive des persönlichen Profils. Von dem Benutzer und seinen Präferenzen ausgehend, bietet das Objekt die Möglichkeit, ein beliebiges POI zu bewerten. Diese Bewertung ist ausschließlich persönlicher Natur und hat keinen Einfluß auf die restlichen Benutzer des Systems - im Gegensatz zur zweiten Sichtweise. Der Sinn dieser Art von Bewertung wird durch die Abonnementfunktion deutlich. Wie bereits angeführt, wird über diese Funktion Interesse an weiterer Information zu einem POI bekundet. Durch das BCO wird nun dieses Interesse genauer spezifiziert. Im Beispiel durch zwei verschiedene Aspekte:

1. **Beziehung zu einem POI.** Hiermit äußert sich das Interesse an allen Informationen, die zu 75% relevant für Information Management sind. Bei einer Einstellung von 100% sind nur synonyme bzw. als hochrelevant eingestufte POI interessant. Der Nachrichtenmechanismus greift nun auf diese Daten zu, um herauszufinden ob Information für den Abonnenten interessant ist oder nicht. Neben dem Einsatz für den Nachrichtenservice kann über diese Angaben auch eine individuelle Sicht des Informationssystems erstellt werden.

2. **Abstraktionsgrad eines POI**[22]. Der Abstraktionsgrad gibt an, wieviel Verständnis der Materie ein einzelnes Piece of Information voraussetzt. Eine Einführung hat einen niedrigeren Abstraktionsgrad als ein breiter Überblick zu einem Thema. Im Beispiel interessiert sich der Benutzer für die mittlere Abstraktionsebene von Information Management.

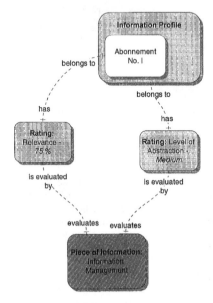

Abbildung 36: Rating aus der Sicht von Information Profile

Die angegebenen Werte für die Ratingobjekte können sowohl als Schwellenwerte spezifiziert werden (größer, kleiner als) als auch für exakten Übereinstimmung.

Die **zweite Sichtweise** geht von *Piece of Information* aus. Die Bewertung eines POI entspricht sozusagen dem offiziellen *Rating*, denn sie ist im ganzen System sichtbar. Sie variiert nicht von Benutzer zu Benutzer, selbst falls Zweit- oder Drittmeinungen erfaßt werden. Diese Bewertung bildet das Gegenstück zu der bereits erläuterten persönlichen Sichtweise. Durch den Abgleich beider ermittelt das System die Dienste, die ausgeführt werden müssen, wie z.B. Benachrichtigung, bevorzugte Präsentation oder die Tiefe der aufzulösenden Beziehungen.

Abbildung 37 beinhaltet ein Objektdiagramm eines solchen Ratings. Es stellt dar, wie das POI „IRMA" durch verschiedene Ratingobjekte bewertet und mit anderen POI in Beziehung gebracht wird.

---

[22] „Level of Abstraction" [BAI95].

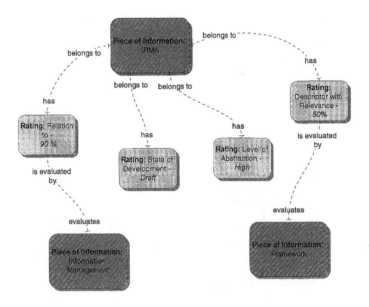

Abbildung 37: Rating aus der Sicht von POI

Im Beispiel werden drei neue Bewertungsarten vorgestellt:

1. **Beziehung zu einem anderen POI.** Dieses Rating entspricht der Vorgehensweise zur Verknüpfung von Termen aus Kapitel 3.3.3. Damit wird ein konzeptioneller Baum von verwandten POI erstellt, in diesem Fall besteht eine starke Beziehung zwischen dem POI IRMA und dem POI Information Management. Beim Eintrag von IRMA in das System wird das *Piece of Information* mit dem Rating aus Abbildung 36 verglichen. Da die Relevanz mit dem Schwellenwert 75% mit der Beziehung von 90% übereinstimmt, fällt dieses POI in den Interessenbereich des Profils.

2. **Entwicklungsstand eines POI.** Ähnlich dem Abstraktionsgrad bewertet der Entwicklungsstand eine Charakteristik des POI. An dieser Stelle ist damit die Reife von IRMA gemeint. Neben der Einstufung als Entwurf sind beispielsweise die Stufen Whitepaper, Konzept oder Veröffentlichung denkbar.

3. **Deskriptor und Relevanz eines POI.** Im Gegensatz zur Beziehung zu einem anderen POI, ist ein Deskriptor vor allem bei Dokumenten zur inhaltlichen Beschreibung im Einsatz. Während IRMA stark mit dem Begriff Information Management verknüpft ist, steht es zu Framework in keiner vergleichbaren Beziehung. Jedoch ist ein Framework inhaltlicher Bestandteil von IRMA, hier mit einer Relevanz von 50%. Der Watch & Notify-Dienst würde in diesem Fall nicht reagieren, da die Relevanz zu niedrig ist und nicht im Zusammenhang mit Information Management, sondern mit IRMA steht.

3.4   Business Process & Interface Objects

Auf den einzelnen Business Concept Objects setzen bestimmte Prozesse im Umgang mit dem System auf. Ein Prozeß steht in Verbindung mit einem oder mehreren Objekten und bearbeitet diese. Die Business Process Objects (BPO) wiederum werden dem Benutzer durch Interface Objects zugänglich gemacht, welche die Schnittstellen zwischen Mensch und Informationssystem darstellen. Abbildung 38 stellt diese drei Objektgruppen im Zusammenhang dar. Zugunsten der Übersichtlichkeit wurde auf Verbindungslinien untereinander verzichtet - sie werden separat im Text erklärt:

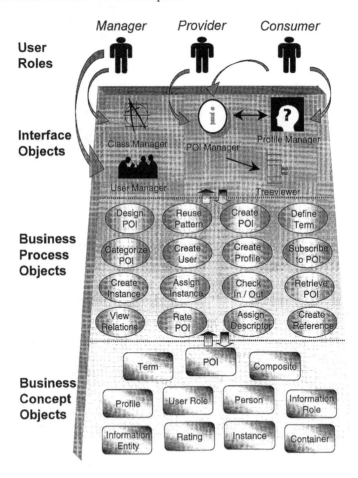

Abbildung 38: Business Process Objects

♦ **User Roles**

Die dargestellten Rollen entsprechen jenen aus Kapitel 3.3.9. Hier sei nur ihre Verbindung zu den Interface Objects erklärt.

- Manager: Verwendet den Class- und den User-Manager zu Verwaltung der Metaebene, respektive der Benutzer.

- Provider: Füllt das System über den POI Manager mit Information.

- Consumer: Verwaltet seine persönlichen Einstellungen über den Profile Manager bzw. bezieht durch den POI Manager Informationen.

♦ **Interface Objects**

Die Aufteilung der diversen Schnittstellen ist streng genommen eine willkürliche. Sie entsprechen jedoch einer Zusammenfassung der Prozeßobjekte zu funktionalen Einheiten. Über diese Einheiten präsentiert sich seinen Anwendern ein realisiertes System. Die technischen Anforderung stehen also gegenüber einem gedanklichen Clustering zurück.

- Class Manager: Dieses Objekt ist das Werkzeug zum Design und Entwurf der Business Concept Objects. Es erlaubt die Wiederverwendung bereits erarbeiteter Informationstypen und unterstützt den Benutzer bei der anschließenden Integration in das Modell. Die Arbeit erfolgt auf der Metaebene der POI[23].

- User Manager: Durch diese Schnittstelle werden die jeweiligen benutzerspezifischen Rollen gepflegt. Hinter den üblichen Tätigkeiten wie Anlegen, Ändern und Löschen verbirgt sich die gesamte Funktionalität zum Handling der BCOs *Person* und *User Role*.

- POI Manager: Als zentrales Werkzeug zur Aus- und Eingabe von Informationen steht der POI Manager sowohl dem Informationslieferant als auch dem Konsumenten zur Verfügung. Es übernimmt sämtliche Tätigkeiten im Umgang mit den POI. Dazu gehören neben den bereits erwähnten Grundfunktionen auch die Suche, Darstellung und Ausleihe. Für bestimmte Präsentationsaspekte bedient sich die Schnittstelle des Treeviewers.

- Treeviewer: Zur Darstellung der vernetzten Struktur bedarf es eines speziellen Mechanismus. Dieser wird durch die Treeview Komponente zur Verfügung gestellt. Konzepte wie der Concept Tree oder das Semantische Netzwerk lassen sich dadurch visualisieren. Der Treeviewer ist deshalb ein bedeutendes Navigationsinstrument.

- Profile Manager: Da nur der Konsument Prioritäten im Umgang mit dem System spezifiziert, steht ausschließlich ihm das Interface Object zur Wartung seines Profils zur Verfügung. In Verbindung mit dem POI Manager stellt er seine Sicht der Informationen und seine Präferenzen zusammen.

♦ **Business Process Objects**

Die dargestellten Business Process Objects geben die wesentliche Funktionalität zur Handhabung des Modells wieder, ohne Anspruch auf Vollständigkeit zu erheben. Prozesse stellen die Verbindung zwischen dem statischen Modell mit seinen BCOs und den Benutzerschnittstellen dar. Es sind die dynamischen Komponenten, aus denen sich später das

---

[23] Nicht zu verwechseln mit den Metainformationen, die durch POI abgelegt werden.

lauffähige Informationssystem ergibt. Die verknüpften Interfaces werden in der Rangfolge des hauptsächlichen Einsatzes angegeben:

- Design POI: Dieser Prozeß beinhaltet die Konzeption, Wartung und Pflege der verschiedenen Informationstypen.

  Verknüpfte Interfaces: Class Manager.

  Verknüpfte BCOs: POI & Subclasses.

- Reuse Pattern: Die Wiederverwendung von Typen ist ein besonderer Unterprozeß des Design. Aufgrund seiner Wichtigkeit wurde er separat modelliert.

  Verknüpfte Interfaces: Class Manager.

  Verknüpfte BCOs: POI & Subclasses.

- Create POI: Der zentrale Prozeß zur Erschaffung jeglicher *Pieces of Information.*

  Verknüpfte Interfaces: POI Manager.

  Verknüpfte BCOs: POI & Subclasses.

- Define Term: Die Eingabe von begrifflichen Definitionen und ihrer thematischen Beschreibung ist ein abgegrenzter Vorgang.

  Verknüpfte Interfaces: POI Manager.

  Verknüpfte BCOs: Term.

- Categorize POI: Mit diesem BPO werden den Termen entsprechende POI zugeordnet. Die Verwaltung eines Semantischen Netzes fällt ebenfalls in den Bereich dieses Prozesses.

  Verknüpfte Interfaces: Treeviewer, POI Manager.

  Verknüpfte BCOs: POI & Subclasses ⇒ Term.

- Create User: Durch diesen Vorgang werden Personen erschaffen und ihnen eine Benutzerrolle zugewiesen.

  Verknüpfte Interfaces: User Manager.

  Verknüpfte BCOs: Person ⇒ User Role.

- Create Profile: Dieser Prozeß verknüpft eine *Person* mit einem *Profil* und individualisiert es durch verschiedene *Ratings.*

  Verknüpfte Interfaces: Profile Manager.

  Verknüpfte BCOs: Person ⇒ Information Profile ⇒ Rating.

- Subscribe to POI: Ein Abonnement entsteht durch die Verbindung von POI und dem Profil. Dabei wird ein spezielles Ratingobjekt angelegt, das die Art der Subskription näher beschreibt. Dieser Vorgang ist individuell und für die restliche Anzahl der Benutzer nicht sichtbar.

  Verknüpfte Interfaces: Profile Manager, POI Manager.

  Verknüpfte BCOs: Information Profile ⇒ Rating ⇒ POI & Subclasses.

- **Create Instance:** Durch diesen Vorgang wird eine neues Exemplar geschaffen und mit Informationen gefüllt.

  Verknüpfte Interfaces: POI Manager.

  Verknüpfte BCOs: POI & Subclasses ⇒ *Instance.*

- **Assign Instance:** Dieser Prozeß verbindet ein Exemplar mit einem POI.

  Verknüpfte Interfaces: POI Manager, Treeviewer.

  Verknüpfte BCOs: Instance ⇒ *Container.*

- **Check In / Out:** Um ein POI auszuleihen bzw. zurückzugeben, verwendet man dieses BPO. Es arbeitet auf Exemplarebene.

  Verknüpfte Interfaces: POI Manager.

  Verknüpfte BCOs: POI & Subclasses ⇒ *Instance, Container.*

- **Retrieve POI:** Dieser Prozeß steht dem Benutzer zur Suche nach beliebiger Information zur Verfügung.

  Verknüpfte Interfaces: POI Manager, Treeviewer.

  Verknüpfte BCOs: POI & Subclasses.

- **View Relations:** Dieses BPO kann als genereller Lese- und Navigationsvorgang verstanden werden.

  Verknüpfte Interfaces: Treeviewer.

  Verknüpfte BCOs: POI & Subclasses.

- **Rate POI:** Über diesen Prozeß weist man dem POI ein systemweit gültiges *Rating* zu.

  Verknüpfte Interfaces: POI Manager, Profile Manager.

  Verknüpfte BCOs: POI & Subclasses ⇒ *Rating.*

- **Assign Descriptor:** Dieser Vorgang findet hauptsächlich bei der Dokumentverwaltung Verwendung. Er belegt ein POI über *Rating* mit Schlagwörtern.

  Verknüpfte Interfaces: POI Manager.

  Verknüpfte BCOs: POI & Subclasses ⇒ *Rating.*

- **Create Reference:** Dieser Prozeß verbindet beliebige POI über Verweise untereinander.

  Verknüpfte Interfaces: Treeviewer, POI Manager.

  Verknüpfte BCOs: POI & Subclasses.

♦ **Business Concept Objects**

In Abbildung 38 sind die BCOs der Übersicht wegen enthalten. Sie entsprechen denen in Kapitel 3.3.1 - 3.3.11 dargestellten Objekten.

3.5 Business Services

Neben den einzelnen Interface- und Business Process Objects lassen sich noch weitere Cluster in puncto Funktionalität bilden: die Business Services. Sie nehmen Stellung, welche Dienste an welcher Stelle durch wen angeboten und durch wen benutzt werden. Sie gehen über die im vorherigen Kapitel erläuterten Schnittstellen in soweit hinaus, als daß sie nicht zwingend personenbezogen sind. Weiterhin bilden die Dienste Funktionsgruppierungen, wie sie der Markt auch als einzelne Applikationen anbietet. Eine Entscheidung über Eigenrealisierung oder Integration von Fremdsoftware kann auf dieser Basis gefällt werden.

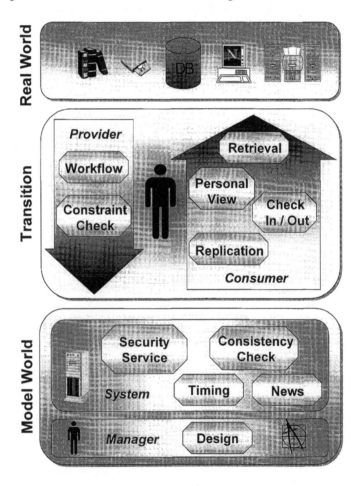

Abbildung 39: Business Services

◆ Real World

Mit realer Welt ist der Ursprungsort jeglicher Information gemeint, die in das Modell eingespeist wird, sei sie in einem elektronischen oder physischen Format. Der Information Provider erhält seine Arbeitsgrundlage aus dieser Welt und überträgt sie in das System. Der Konsument hingegen will Informationen aus dem Modell beziehen, sei es, um Originale wiederzufinden, auszuleihen oder zu navigieren. Somit beschreitet er den gegensätzlichen Weg.

◆ Transition

Der englische Begriff „Transition" bezeichnet den Übergang zwischen der realen und der Modellwelt. Weitgehend finden hier die Schnittstellen zwischen Mensch und Maschine Verwendung. Der Übergang wird durch verschiedene Dienste unterstützt, die durch die einzelnen Benutzergruppen angewendet werden.

- Workflow Service: Der Information Provider hat als einziger Benutzertyp einen weitgehend gleichbleibenden, sich wiederholenden Arbeitsablauf[24]. Somit kann seine Vorgehensweise durch Workflow abgebildet werden. Beispielsweise kann das Vorgehen zur Exemplarerfassung und Containerzuordnung verbunden werden und trägt so zu einem einheitlichen Füllen des Modells bei.

- Constraint Checking Service: Beim Eintragen von Information in das System müssen bestimmte strukturelle Vorgaben bzw. Einschränkungen beachtet werden. Sie werden durch diesen Dienst überwacht. Typischerweise ist dies eine Aufgabe des GUI.

- Retrieval Service: Die Suche nach Informationen ist ein wesentlicher Bestandteil der Arbeit eines Consumers. Sie kann durch eine Vielzahl an Suchmaschinen unterstützt werden, die das System für den Benutzer durchforsten, z.B. der „Fulcrum FIND! Client" [FUL97].

- Personal Viewing Service: Zur individuellen Darstellung der POI wird ein eigener Service benötigt. Mit dem Treeviewer aus Kapitel 3.4 und 5.3 ist bereits ein Konzept dargestellt. Denkbar ist auch eine Anwendung von VRML[25] zur dreidimensionalen Darstellung der Netzwerke.

- Checking In / Out Service: Für die Verwaltung von ausgeliehenen Exemplaren ist ein Bibliotheksdienst notwendig. Er wird je nach Realisierung auch zu Zwecken des Document Management oder für die Administration von Travelling Objects angewandt.

- Replication Service: Um eine lokale Kopie des Informationssystems anzufertigen bedarf es eines Replikationsdienstes. Er dient dem Benutzer für die Arbeit unterwegs, ohne Anschluß an das System. Die Kernfunktionen beinhalten neben der reinen Replikationserstellung auch den Abgleich von lokal angefertigten Neueinträgen und Änderungen mit dem zentralen IS. Unter anderem bietet Lotus Notes eine solche Komponente an.

---

[24] Während die Änderungen an Typen (Information Manager, siehe Kapitel 3.3.9) vergleichsweise selten vorkommen und von konzeptioneller Natur sind und die Konsumenten (Information Consumer, gleiches Kapitel) intuitiv vorgehen.

[25] Abkürzung für „Virtual Reality Modeling Language" [WHA97], eine Sprache zur Modellierung und Darstellung dreidimensionaler Umgebungen.

♦ **Model World**

Durch das Business Information Model wurde die Welt der Information in eine Struktur eingepaßt. Diese Struktur ist die Modellwelt, durch welche die Realität abgebildet wird. Intern unterstützen folgende Services die Verwaltung der zur Verfügung gestellten Metainformationen:

- Security Service: Der Zugriff auf sensible Informationen bzw. auf solche, deren Inhalt unsicher ist oder potentielle Sicherheitsrisiken[26] birgt, wird durch die Sicherheitskomponente überwacht. Sie ist Bestandteil des Systems und kann beispielsweise durch eine Firewall realisiert werden. Auch eine Datenbank bietet entsprechende Funktionen an.

- Consistency Checking Service: Um die Konsistenz der Informationen und der Verbindungen zwischen ihnen zu gewährleisten, wird ein Überprüfungsmechanismus eingesetzt. Im Gegensatz zum Constraint Checking Service findet dieser Dienst **nach** Eingabe der POI über das GUI Verwendung. Er ist auf Persistenzebene realisiert und reagiert bei Speichervorgängen sowie auf individuelle Anforderung. Dies ist ein klassisches Einsatzfeld einer Datenbank.

- Timing Service: Zeit ist ein kritischer Faktor im Umgang mit Informationen. Sie ist mit diversen Typen direkt verbunden, z.B. das Erscheinungsdatum eines Artikels oder das Austragungsdatum eines Workshops. So kann man sich für eine Konferenz, nachdem sie stattgefunden hat, nicht mehr anmelden, wohl aber das Proceeding bestellen. Für die Verwaltung eines Ausleihsystems für Exemplare ist eine Zeitkomponente unabdingbar. Auch bei der Ermittlung der Relevanz spielt die Zeit eine Rolle. Der Timing Service beinhaltet alle im System notwendigen logischen zeitlichen Verknüpfungen und überwacht diese selbständig. Durch die Verbindung mit dem News Service werden zeitlich gesteuerte Nachrichten realisiert.

- News Service: Bereits mehrfach erwähnt wurde der Benachrichtigungsdienst. Er reagiert individuell auf die Einstellungen der Benutzer und überwacht das IS auf relevanten Neuigkeiten und Änderungen. Für den Einsatz des Dienstes kann ein im Unternehmen bestehendes Kommunikationsmedium wie E-Mail als Träger verwendet werden, denn es stellt bereits einen Push-Mechanismus dar: „Although the e-mail client in your computer has to occasionally go to your local e-mail server to 'pick up' the e-mail, the e-mail arrived because someone sent it (pushed) it to you withot a one-for-one request having been made" [WHA97]. Ausgelöst wird eine Nachricht durch von dem Benutzer konfigurierbare Ereignisse. Diese sind, soweit abgrenzbar, in Rangfolge ihrer Relevanz[27]:

1. Inhaltliche Änderung POI.

2. Änderung der Rating des POI.

3. Änderung der Referenzen ausgehend von POI.

4. Änderung der Referenzen auf POI.

5. Abonnement des POI (durch eine weitere Person).

---

[26] Bei Anschluß des Systems an das Internet ist ein direkter Zugriff auf referenzierte Informationen aufgrund softwareseitiger Sicherheitslücken bedenklich.

[27] In bezug auf abonnierte *Pieces of Information.*

6. Wechsel des POI-Verantwortlichen.

7. Neues Exemplar des POI.

8. Standortwechsel eines Exemplars.

- Design Service: Die Komponente zum Design auf der Metaebene ist ein wesentlicher Garant für die Flexibilität und Anpaßbarkeit des Modells. Sie unterstützt in starkem Maße die Wiederverwendung bereits erstellter Informationstypen. Um das Potential dieser offenen Architektur vollständig nutzen zu können, müssen sich die Benutzerschnittstellen selbständig an ein erweitertes Modell anpassen, wie es durch den Prototyp IRMA realisiert wurde[28]. Ansonsten wird der Nutzen der dynamischen Typmodellierung durch die notwendige manuelle Wartung des GUI zunichte gemacht. Neben der reinen Designfunktionalität deckt der Dienst auch die Integration der erfolgten Erweiterungen in das System ab.

Mit den vorliegenden modelltheoretischen Aspekten ist das Business Information Model komplett. Im weiteren Verlauf bildet es den Ausgangspunkt für den Inhalt des Frameworks des folgenden Kapitels. Der Rahmen erläutert dabei noch offene Fragen bezüglich der konkreten Klassenkonzeption eines der Business Concept Objects sowie weitere Anwendungsbeispiele durch einen umfassenden Use Case.

---

[28] Siehe Kapitel 5.3.

4 INFORMATION FRAMEWORK

Durch das Business Information Model ist bereits ein großer Schritt in Richtung eines IS getan. Für eine Umsetzung fehlen jedoch weitere Elemente: Wie sieht ein modelliertes POI nun konkret aus? Beispielsweise ein Buch? Was grenzt es gegen einen Buchband ab? Lassen sich bestimmte wiederkehrende Prozesse im Umgang mit dem IS ermitteln und mit Workflow unterstützen? Diese Fragen und weitere beantwortet das Information Framework.

Das Ziel des Rahmens ist das Erfassen und Gliedern von notwendigen **Designentscheidungen** zur Erschaffung eines **Informationssystems**. Dabei folgt die Bezeichnung „Framework" der Bedeutung, wie sie Pissinou und Makki auslegen:

> An extensible, object-oriented framework for information management is designed for data-intensive information system applications in which information objects of various levels of abstraction and modalities must be accomodated and descriptive and meta-data is rich and dynamic. [PIS93, 87]

Die Anforderung an die Abstraktionsebene und die Metadaten sind bereits durch das Business Information Model erfüllt worden, es steht in der folgenden Darstellung als zentraler Punkt in der Mitte. Um das Zentrum herum befinden sich die einzelnen Komponenten zum Design des IS angeordnet, ohne dabei einer weiteren Gewichtung zu folgen. Abbildung 40 veranschaulicht dies graphisch:

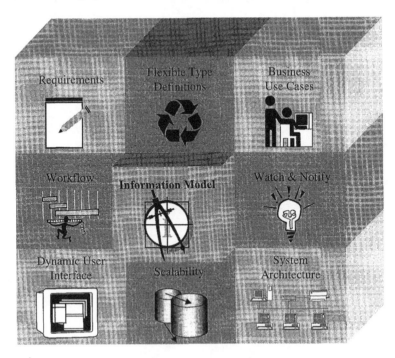

Abbildung 40: Darstellung des Information Framework

Die folgenden Unterkapitel sind jeweils den abgebildeten Bereichen gewidmet. An dieser Stelle seien sie zusammenfassend umschrieben:

♦ Das **Information Model** als zentrale konzeptionelle Komponente bestimmt die Strukturierung der Objekte. Die Realisierung des Prototyps orientiert sich dabei an dem Modell des 3. Kapitels, möglich sind aber auch andere Vorgaben und Konzepte.

♦ Die **Requirements** erfassen die Anforderungen an das IS und die Persistenz unter besonderer Berücksichtigung des geschäftlichen Zusammenhangs, dem Business Context.

♦ **Flexible Type Definitions** grenzen die zu verwaltenden Informationstypen auf Basis von Reuse ab.

♦ **Business Use Cases** stellen konkrete Beispiele für den Einsatz des Informationssystems im geschäftlichen Umfeld dar.

♦ Durch **Workflow** werden wiederkehrende Prozesse abgebildet.

♦ **Watch & Notify** umfaßt den Bereich der Kommunikation des Systems mit den Anwendern sowie Ratingaspekte.

♦ Das Kapitel zu dem **Dynamic User Interface** betrachtet die Visualisierung unter besonderer Berücksichtigung von Dynamik und Netzstrukturen.

♦ Der Bereich **Scalability** setzt sich mit der Problematik der Erweiterbarkeit und Anpassung eines IS auseinander.

♦ **System Architecture** beschäftigt sich schließlich mit der technischen Infrastruktur als Laufzeitumgebung eines IS.

Die Reihenfolge der Aufzählung stellt in etwa die Vorgehensweise zur Umsetzung eines Informationssystems dar. Manchmal ergeben sich aber auch Überschneidungen, z.B. wenn ein konkreter Anwendungsfall die Anforderungen erweitert oder neue Informationstypen einführt. In der Praxis bestehen oft schon vor der Erstellung des zentralen Modells spezifische Vorstellungen zu restlichen Bereichen des Frameworks. Dadurch beeinflussen sich bereits das Information Model während der Erstellung - es herrscht auch hier eine Wechselwirkung. Diese Einflüsse voneinander zu isolieren und in eine strenge Abfolge zu bringen ist unmöglich und auch wenig sinnvoll: Die Kreativität wird dadurch eingeschränkt und die Realität nicht abgebildet.

Weiterhin ist Information Management eine komplexe Thematik, einen universellen Rahmen dafür zu schaffen eine Herausforderung. Dessen sind nicht nur wir uns bewußt: „There is no one information framework that will serve all purposes" [ROS95]. Im Umfeld der Diplomarbeit trägt die Arbeit den Schlüsselproblematiken Rechnung. In anderen Fällen hat die Gliederung des Frameworks auch bestand, allerdings kann und wird sich der Inhalt verändern. Beispielsweise sind die relevanten Informationstypen je nach Einsatzgebiet verschieden. Dies ist der hauptsächliche Zweck eines Rahmens: Wie sein reales Gegenstück, das Bilder bestimmter Größe beliebig halten kann, bietet auch das Framework ein Gerüst, das entsprechende Inhalte faßt. Diese Inhalte werden im weiteren gefüllt.

4.1   Information Model

Da sich diese Arbeit bereits ausführlich der Konzeption eines konkreten Informationsmodells (IM) gewidmet hat, sind hier nur generelle Kriterien angeführt. Die Umschreibung des Begriffs ist kurz und treffend: „A specification of the data structures and business rules needed to support a business area." [BRU92, 533] Das Business Information Model erfüllt diese Anforderungen und kann als gültiges IM angesehen werden.

Gilula spezifiziert den Terminus etwas genauer:

An **information model** is a system consisting of the following components:

(1) A set of **objects** of the model;
(2) a subset of objects that are called **real objects** of the model;
(3) a set of so-called **integrity constraints** (integrity rules), that is, a set of conditions that must be satisfied by the set of real objects of the model;
(4) a set of **operations** definded on the set of objects, each of them producing an object of the model as a result.
(5) Interpretation of the objects. [GIL94, 29]

Auch dieser Definition entspricht das erarbeitete Modell: Es besteht aus Objekten, einige davon entsprechen realen Gegenstücken (z.B. die Container), Konsistenzregeln sind implizit durch die Typunterscheidung[29] vorhanden, Prozesse sind durch Kapitel 3.4 definiert, und die Interpretation der Objekte ist dargelegt.

Jedes Modell, das diesen Anforderungen genügt, kann als IM verwendet werden. Dabei beeinflußt das Information Model aufgrund seiner zentralen Rolle die übrigen Teile des Rahmens. Ist es beispielsweise stark auf Erweiterbarkeit ausgelegt, so hat dies Konsequenzen auf die Bereiche User Interface und Scalability.

Dem aufmerksamen Leser wird nicht entgangen sein, daß das Business Model nicht auf Klassen-, sondern auf Metaebene ausgelegt war. Wie soll es in dieser Form als konkretes Klassenmodell Verwendung finden können? Bildet man beispielsweise eine oder mehrere Klassen für die *User Role*? Die Antwort liegt in „Customizing", dem englischen Ausdruck für Anpassung: Das ursprüngliche Ziel des Business Models ist die Übertragbarkeit. Deshalb läßt es solche Designentscheidungen außen vor, die nun konkret für die Realisierung getroffen werden.

Bei der Entwicklung des Prototyps sind z.B. diese Fragen gelöst worden. In diesem Fall beinhaltete das Vorgehen zur Bestimmung des Informationsmodells zwei Schritte: Die Entwicklung der Business-Vorlage und deren Anpassung zu dem in Kapitel 5.1 dargelegten Modell.

An gleicher Stelle ist auch begründet, aus welchen Beweggründen die jeweiligen Designentscheidungen getroffen wurden. Das Framework bildete den Übergang zwischen den beiden Entwürfen.

---

[29] Siehe Kapitel 4.3.

4.2 Requirements

Die Definition von Anforderungen an ein Informationssystem ist ein grundsätzlicher Schritt in Richtung Realisierung. Dabei stehen im Gegensatz zu den Business Requirements des Kapitels 3.1 auch technische Aspekte im Vordergrund. Aufgrund der ermittelten Ansprüche lassen sich die weiteren Bereiche des Frameworks eingrenzen und näher spezifizieren. Die Zielerreichung wird durch Vergleich mit den Forderungen ermittelt.

Kapitel 2.3.2 zeigt bereits an einem Beispiel die Requirements an ein Repository. Die Gliederung ordnet dabei den einzelnen Kriterien eine Relevanz im Bereich von null bis 100 zu. Diese Skala ist für die Kennzeichen unseres Kataloges zu fein. Zum Einsatz kamen deshalb die drei qualitativen Merkmale: „Muß", „Wunsch" und „Nice to have", wie sie bereits bei der Definition der Business Requirements verwendet wurden. Die folgenden Aufstellungen wurde zur Ermittlung der Datenbank des Prototyps sowie der zentralen Funktionsbereiche entwickelt. Sie veranschaulichen als Beispiele die Vorgehensweise:

Anforderungen an die Datenbank eines Informationssystems

Anforderung / Beschreibung	Erfüllung
Data Management	
➤ Universelle Verwaltung von Objekten Es müssen neben Dokumenten auch Bild, Ton, Video und verteilte Dokumente abgespeichert werden.	Wunsch
➤ Lesen, Schreiben, Ändern und Löschen Die üblichen Anforderungen an Dateiverwaltung.	Muß
➤ Replikation Es muß möglich sein, Objekte oder Datenbanken z.B. auf einen Laptop zu replizieren, dort zu verändern und später wieder in das System einzuspielen. Dabei muß ein Abgleich der veränderten Objekte stattfinden. Bei Versionskonflikten sollte der Verantwortliche für den Check In benachrichtigt werden.	Wunsch
➤ Datensicherung Die Objekte müssen persistent vorhanden und gesichert werden.	Muß
➤ Schnelle Zugriffe Mit Anstieg der Objektmenge wird die Zugriffsgeschwindigkeit immer wichtiger. Wer toleriert ein System, bei dem man ständig warten muß? Bei der Umsetzung des Business Models beispielsweise werden sehr viele Instanzen von wenigen Klassen erzeugt.	Nice to have
➤ Verwaltung von großen Objektmengen Die Adressierung der Objektmengen sollte möglichst unbegrenzt sein.	Nice to have
➤ Verwaltung von Links Die Objekte sind untereinander mit Links in beiden Richtungen verbunden. Dies muß eine DB verwalten können.	Muß

Anforderung / Beschreibung	Erfüllung
Query Languages	
➤ OQL oder SQL Um die Objekte wiederzufinden, muß mindestens eine der beiden Abfragemöglichkeiten unterstützt werden.	Muß
User Management	
➤ Benutzerprofile Es müssen verschiedene Benutzer und Benutzergruppen angelegt und verwaltet werden können.	Muß
➤ Zugriffsteuerung Über das Benutzerprofil muß erkennbar sein, wer, wo und wie zugreifen kann.	Muß
➤ Login, Logout Benutzer müssen sich an- und abmelden können.	Muß
Security	
➤ Transaktionsverarbeitung Eigentlich selbstverständlich: Die DB muß Transaktionen mit Sperr- und weiteren Konsistenzmechanismen anbieten.	Muß
➤ Multiaccess Handling für Objekte Unterstützung und Handling von gleichzeitigem Zugriff verschiedener Benutzer auf Objekte.	Muß
➤ Sicherheit bei Benutzung und Ausfällen Bei Ausfall muß die Konsistenz der DB gewährleistet sein.	Muß
Client/Server	
➤ Verteilte Anwendungen Durch Schnittstellen der DB für Remote Clients, durch Unterstützung von verteilten Transaktionen.	Muß
➤ Verteilte Datenbanken Die Verteilung soll über mehrere Orte verteilt, gespiegelt und ausgelagert möglich sein.	Nice to have

Tabelle 6: Anforderungen an die Datenbank eines IS

Die Funktionsbereiche der nächsten Tabelle sind unabhängig von Eigen- oder Fremdentwicklung dargestellt. In beiden Fällen besteht die Anforderung, sie über Schnittstellen in das System integrieren zu können. In einem Intranet kann z.B. das Information Retrieval von einer Web Search-Engine übernommen werden, das Projekt- und Dokumentenmanagement von Microsoft-Produkten und das zentrale Information Management durch eine Eigenentwicklung.

Anforderungen an zentrale Funktionsbereiche eines Informationssystems

Anforderung / Beschreibung	Erfüllung
➤ Versionierung	Nice to have
Abgleich, aber auch Speicherung von verschiedenen Versionen, beispielsweise zur Behebung von entsprechenden Fehlern oder Änderungen.	
➤ Personalmanagement	Nice to have
Neben dem Management der persönlichen und spezifischen Daten werden Skills, Kontakte oder Profile verwaltet.	
➤ Terminplanung	Nice to have
Die Funktionalität eines Terminplanungssystem soll eingliederbar sein. Neben einem Kalender mit Feiertagen, Urlaubszeiten und Freizeit sind hier auch Projekte, Personal und Termine organisiert.	
➤ Projektmanagement	Nice to have
Arbeitet eng mit Terminplanung und Ressourcenmanagement zusammen. Schnittstellen bei der Integration dieser Systeme sowie zum Informationssystem müssen vorhanden sein.	
➤ Ressourcenmanagement	Nice to have
Das Buchen und Organisieren von Ressourcen, z.B. Räume, Hardware, Ausrüstung.	
➤ Informationsmanagement	Muß
Zentrale Komponente zur Verwaltung der Informationen aller eingegliederten Funktionsbereiche.	
➤ Document Management	Nice to have
Bestehende Dokumente werden über eine Schnittstelle in das IS integriert und exportiert.	
➤ Information Retrieval	Wunsch
Dient der Suche nach Informationen. Neben selbst verwirklichten Suchalgorithmen müssen auch bestehende Lösungen integriert werden können.	

Tabelle 7: Anforderungen an zentrale Funktionsbereiche eines IS

Wie ersichtlich, entspricht die Bestimmung der Relevanz den individuellen Präferenzen für eine Umsetzung. In diesem Fall wurde von der konkreten Umgebung der Diplomarbeit ausgegangen und die Anforderungen danach bewertet. Andere Zielsetzungen verlangen unterschiedliche Bewertungen und Kriterien, je nach gewähltem Business Context. Eine Hochschule besitzt beispielsweise hohe Anforderungen an die Verwaltung von wissenschaftlichen Dokumenten. In diesem Fall werden die Requirements wie Bausteine ausgetauscht. Dieser Gedanke der Bausteine verdeutlichte die graphische Darstellung des Frameworks.

4.3 Flexible Type Definitions

Neben dem Entwurf eines passenden Modells ist das Design der abzubildenden Informationstypen eine der konzeptionellen Hauptaufgaben: Zuerst werden sie in der Anwendungsumgebung ausfindig gemacht, abgegrenzt und mit Attributen versehen. Welches Maß an Flexibilität und Wiederverwendung dabei möglich ist, hängt unmittelbar mit dem Informationsmodell zusammen: sieht es z.B. keine Vererbungen vor, so fehlt dieser Teil des Reuse.

Selbst mit den erwähnten Möglichkeiten ist die Entwicklung einer vollständigen Typenliste eine Herausforderung, nicht nur für Dokumente:

> It is a formidable challenge to create powerful, robust, reusable and information-rich models that comprehensively capture an enterprise's document types with little or no rendundancy in document components. [KNO97]

In der Tat ist durch die Literaturrecherche keine Typisierung gefunden worden, die den genannten Ansprüchen an Vollständigkeit oder Wiederverwendung genügt hätte. Ansätze fanden sich in Modellen zur Verwaltung von Bibliotheken[30], die in ihrem Bereich die relevanten Pieces of Information erfassen. Die folgenden Beispiele für Informationstypen folgen den Ideen des Business Information Models aus Kapitel 3 bezüglich Aufbau und Gliederung, die Attribute wurden einzeln erarbeitet. Aus den Bereichen *Container* (Hybrid, Simple, Final), *Information Entity*, *Information Role*, *Instance* und *Term* ist jeweils ein Typ detailliert beschrieben. Die dafür notwendigen Designentscheidungen liegen im Kompetenzbereich des *Information Managers*:

Name:	Characterized by:	Objects:
Magazine		
	Parent	Container: Hybrid
	Manager	Person
Definition		
	In regelmäßigem Abstand erscheinendes Heft, das Artikel und Berichte zu einem bestimmten Themenkreis enthält.	String
Attributes		
	Title	String
	Issue Number	Integer
	Issue Date	Date
	Publisher	Information Entity: Publisher
	Descriptor 1-n	Term
Has Instances		
	Instance 1-n	Instance: Magazine
Categories		
	Default Category 1-n	Term
	User Category 1-n	
Contains		
	Content 1-n	Instance: Article
	Content 1-n	Instance: News

Tabelle 8: Typdefinition Zeitschrift

---

[30] Vgl. [COO96, 168-185]. Zur Wiederverwendung und Objekthierarchien vgl. [FUH95, 166 f.].

Eine Typdefinition besteht aus zwei Bereichen: einem **generellen**, der entsprechend Klassenvariablen nur einmal benötigte Informationen enthält, und einem **individuellen**, der für instanzabhängige Daten zuständig ist.

♦ Der erste Teil beinhaltet den Namen des Typs, die vererbende Klasse, den Entwickler der Vorgaben und eine allgemeine Definition. Die Spalte für „Objects" gibt an, welchen Konzepten des Informationsmodells die einzelnen Charakteristiken entsprechen bzw. ob sie einfache Variablen sind. Der erste Teil ist für alle Typen gleich und wird an dieser Stelle für alle erläutert.

♦ Der zweite Teil enthält die Attributliste und jeweils optional eine Liste für Exemplare, Kategorien und Inhalt. Die Kriterien für die Vergabe der optionalen Elemente sind in Kapitel 3.3.5 und 3.3.6 nachzulesen und folgen der erläuterten Alternative I. Sie sind zu jedem Typ noch einmal diskutiert:

Die **Zeitschrift** ist ein hybrider *Container* und hat deshalb beliebig viele Instanzen. Die *Kategorien* dienen der Einordnung eines Piece of Information und können von dem Benutzer angepaßt werden. Eine Voreinstellung für eine Zeitschrift ist z.B. Literatur. Der mögliche Inhalt des Typs ist explizit angegeben: Artikel und Neuigkeiten.

Name:	Characterized by:	Objects:
Folder		
	Parent	Container: Simple
	Manager	Person
Definition		
	Physischer Aufbewahrungsort zur Zusammenfassung bestimmter Pieces of Information zu einem Thema.	String
Attributes		
	Title / Number	String / Integer
	Topic	Term
Has Instances		
	Instance 1	Instance: Folder
Contains		
	Content 1-n	Instance: Book
	Content 1-n	Instance: Magazine
	Content 1-n	Instance: CD-ROM

Tabelle 9: Typdefinition Ordner

Der **Ordner** ist ein einfacher Container, welcher nur durch ein einziges Exemplar repräsentiert wird. Diese Designentscheidung wurde bereits diskutiert und dient der Durchgängigkeit des Modells. Kategorien hat der Ordner keine, da diese nur für *Information Entity* und Hybride *Container* Verwendung finden. Das entspricht der Denkweise, daß nur POI mit hohem Gehalt an Metainformation auf diese Weise kategorisiert werden. Instanzen, Benutzerrollen und die restlichen Container sind für diese Einordnung zu irrelevant. Falls eine explizite thematische Zuordnung notwendig ist, so besteht ein Attribut - hier das „Topic". Bei dem Entwurf der Containerfunktion stellt sich erstmals die Frage nach optimistischer oder pessimistischer Modellierung: Hier sind die möglichen Inhalte genau angegeben. Denkbar ist aber auch die optimistische Variante, nur die unzulässigen Instanzen auszuweisen. Diese Entscheidung muß von Fall zu Fall und je nach Aufwand getroffen werden.

Name:	Characterized by:		Objects:
Building			
	Parent		Container: Final
	Manager		Person
Definition			
	Umfassende physische Lokation für Pieces of Information.		String
Attributes			
	Title		String
	Street		String
	House Number		Integer
	Town		String
	ZIP		String
	Country		String
Contains			
	Content 1-n		Instance: Floor

Tabelle 10: Typdefinition Gebäude

Das **Gebäude** besitzt als Final *Container* weder Instanzen noch Kategorien. Ein Teil der Attribute kann zu einem Adressentyp zusammengefaßt werden. Hier sind sie aus Gründen der Veranschaulichung einzeln aufgeführt. Der Inhalt des Gebäudes ist ebenfalls aus Didaktikgründen pessimistisch entworfen: Zuerst müssen Instanzen einem Stockwerk zugewiesen sein, bevor sie das Gebäude enthalten kann. Eine optimistische Variante kann diese hierarchische Struktur ersetzen und stellt in diesem Fall die günstigere Alternative dar.

Name:	Characterized by:		Objects:
Book			
	Parent		Information Entity
	Manager		Person
Definition			
	Publikation, die eine Einheit aus beschriebenen Seiten eines oder mehrerer Autoren zu einem bestimmten Thema darstellt. Ein Buch ist durch einenVerlag veröffentlicht.		String
Attributes			
	Title		String
	Subtitle		String
	Author 1-n		Information Role: Author
	Publisher		Information Entity: Publisher
	Publishing Date		Date
	Publishing Location		Container: Final
	Edition		String
	Series		String
	ISBN		String
	Language		Term
	Descriptor 1-n		Term
Has Instances			
	Instance 1-n		Instance: Book
Categories			
	Default Category 1-n		Term
	User Category 1-n		

Tabelle 11: Typdefinition Buch

Das **Buch** ist eine traditionelle *Information Entity*. Sie kann mehrere Instanzen und Kategorien besitzen. Die Attribute sind ähnlich wie in [COO96, 168-169] entworfen.

Name:	Characterized by:	Objects:
Author		
	Parent	Information Role
	Manager	Person
Definition		
	Verfasser von Dokumenten.	String
Attributes		
	Owner	Person
	Articels Written 1-n	Information Entity: Article
	Books Written 1-n	Information Entity: Book
Has Instances		
	Instance 1	Instance: Author

Tabelle 12: Typdefinition Autor

Der **Autor** ist eine konkrete Rolle einer *Person* im Informationssystem. Die abgebildete Modellierung führt weiterhin die verfaßten Artikel und Bücher auf. Dieses Konzept zeigt exemplarisch zwei mögliche Alternativen und ihre Konsequenzen:

1. Falls die Attribute wie hier existieren, so besteht Redundanz: Diese Information ist bereits in den Artikeln und Büchern selbst abgelegt. Dies hat Konsequenzen für die Wartung: Die doppelte Verknüpfung muß bei Änderungen konsistent gehalten werden. Allerdings können problemlos alle Werke eines Autoren gefunden werden, ohne zuvor alle Bücher und Artikel zu durchsuchen.

2. Ein Design mit einfachen Verknüpfungen ist nicht redundant. Die Konsequenzen kehren sich in das Gegenteil: einfachere Wartung und aufwendigere Suchverläufe. Allerdings ist die Suche eine Aufgabe des Datenbanksystems, das über entsprechende Retrieval-Schnittstellen oder Abfragesprachen dem Benutzer die Arbeit transparent abnehmen kann.

Aus modellspezifischen Gründen wurde genau eine Instanz des Autors erstellt.

Name:	Characterized by:	Objects:
Magazine Instance		
	Parent	Instance
	Manager	Person
Definition		
	Exemplar einer Zeitschriftenausgabe.	String
Attributes		
	Borrowed to	Information Role: Employee
	Owner	Information Role: Employee

Tabelle 13: Typdefinition Zeitschriftenexemplar

Das **Zeitschriftenexemplar** ist eine physische Instanz des *Containers* „Magazine". Der zusätzliche Informationsgehalt besteht aus dem Eigentümer und dem derzeitigen Besitzer. Die abgebildeten Rollen sind jeweils die eines Angestellten. Als Konsequenz können Zeitschriften nur von ihnen ausgeliehen und ausschließlich ihr Eigentum sein. Hier ist der Entwurf einer neuen Rolle notwendig, die des Mediathekbenutzers[31].

Name:	Characterized by:	Objects:
Generic Term	Parent	Term
	Manager	Person
Definition	Definition eines Überbegriffs und dessen Verknüpfung mit Unterbegriffen.	String
Attributes	Title	String
	Definition	String
	Related Term 1-n	Term

Tabelle 14: Typdefinition Überbegriff

Die **Begriffe** unterscheiden sich von den bisher beschriebenen Typen. Er ist durch das Modell als abstrakt definiert und hat deshalb keine Instanzen, Kategorien oder Containerfunktion. Vielmehr ist er selbst eine Kategorie oder, wie hier der Generic *Term*, ein virtueller Container für andere Begriffe. Der Unterschied zwischen den zwei Definitionen, einmal im Klassenbereich und einmal bei den Attributen, wird deutlich: Die erste Beschreibung erklärt das Konzept der Überbegriffe, die zweite einen beliebigen Überbegriff selbst.

Die dargelegten Typdefinitionen erheben keinen Anspruch auf Vollständigkeit. Das Kapitel sensibilisiert statt dessen auf die Problematik bei deren Erstellung. Es hat gezeigt wie durch diese Arbeit notwendige Rollen gefunden werden, wie optimistische oder pessimistische Varianten das Design beeinflussen und welche Konsequenzen Verknüpfungen für die Konsistenz haben.

Dabei wurde zugunsten didaktischer Gründe auf eine perfekte Modellierung verzichtet. Nicht zuletzt deshalb unterscheiden sich die Pieces of Information des Prototyps von den hier dargestellten. Für einen breiteren Überblick der relevanten Typen siehe Anhang A.

---

[31] Mediathek ist als Überbegriff für eine „Bücherei" auf Basis aller verfügbaren Medien (elektronisch, optisch, physisch) zu verstehen. Ein Benutzer führt Tätigkeiten wie in einer traditionellen Bücherei durch: Suchen, Ausleihen, Zurückgeben.

4.4 Business Use Cases

Mit den erfolgten Überlegungen zu dem Design der Informationstypen ist es nun möglich, konkrete Anwendungsfälle zu konstruieren. Diese Use Cases geben konkrete Beispiele für den Umgang und den Einsatz eines Anwenders mit dem Informationssystems. Ihr Sinn und Zweck ist die funktionale Überprüfung des Konzepts. Aus dieser Methodik heraus ergeben sich Verbesserungsvorschläge und bestehende Lücken bzw. bei einem gültigen Design die Bestätigung einer funktionierenden Lösung:

> Developed by Objectory's Ivar Jacobson, use cases provide a less-constrained notation for capturing a participant's (actor's) requirements and interaction with a particular system, service or function. These use cases can later be decomposed into more-complete object models. [KLE95]

Use Case ist dabei ein sehr weiter Begriff, der in seinem Ausmaß oder auch „scope" nicht eingeschränkt ist. Er kann ebensogut als einzelner Eingabevorgang eines Benutzers gesehen werden wie als Prozeß, als konkretes Objektdiagramm eines Modells oder gar als der gesamte Umgang mit dem System als globaler Anwendungsfall.

Die Arbeit verwendet an dieser Stelle ein Objektdiagramm. Es stellt einen zentralen Use Case dar, der alle entworfenen Objekte und Verbindungen des Informationsmodells verwendet. Dieser Anwendungsfall teilt sich in eine Vielzahl kleinerer Fälle auf.

Zur Exemplar- und Containerverwaltung:

1. Erzeugen einer *Information Entity* „Book A".
2. Erzeugen zweier Buchexemplare „Book A 1" und „Book A 2".
3. Erzeugen eines hybriden *Containers* „CD-ROM B".
4. Zuordnung eines Buchexemplars zum *Container*.
5. Erzeugen zweier Exemplare des *Containers* „CD-ROM B 1" und CD-ROM B 2".
6. Erzeugen eines einfachen *Containers* „Shelf C".
7. Zuordnung eines Exemplars der CD-ROM zum einfachen *Container*.
8. Erzeugen eines Exemplars des Regals „Shelf C 1".
9. Erzeugen eines Final *Containers* „Room D".
10. Zuordnung des „Shelf C 1" zum Final *Container*.

Zur Verwaltung von Personen:

1. Erzeugen zweier *Personen*: „Mister X" und „Mister Y".
2. Erzeugen zweier *Information Roles*: „Author X" und „Author Y".
3. Zuordnung von jeweils „Mister X" und „Author X" sowie „Mister Y" und „Author Y".
4. Zuordnung der Rollen „Author X" und Author Y" als Verfasser des Buches „Book A".
5. Erzeugen eines Exemplars der *Information Role*: „Author X 1".
6. Zuordnung des Exemplars zur Rolle „Author X".
7. Zuordnung des Exemplars zum Final Container „Room D".
8. Erzeugung der drei User Roles: „Consumer", „Manager" und „Provider".
9. Zuordnung von „Consumer" und „Manager" zu „Mister X".
10. Zuordnung von „Manager" und „Provider" zu „Mister Y".
11. Erzeugung eines *Information Profile* „Abonnement X".
12. Zuordnung des Profils zu „Mister X".

Das Wechseln in die drei verschiedenen Rollen und das Ausführen entsprechender Prozesse kann nicht durch ein statisches Objektdiagramm wiedergegeben werden. Sie sind deshalb hier separat beschrieben. Abbildung 41 deutet diesen Aspekt zur Veranschaulichung durch Pfeile an.

1. Der **Consumer** legt ein persönliches Profil an. Das System ordnet es der betreffenden Person zu, die gerade als Konsument arbeitet.

2. Der **Manager** entwirft einen Informationstyp. Das System erfaßt ihn als verantwortlichen Designer.

3. Der **Provider** erstellt ein konkretes POI auf Basis des entwickelten Typs. Das System trägt ihn als zuständigen Informationslieferanten in das *Piece of Information* ein.

Zur Verwaltung von Begriffen und Rating:

1. Erzeugen eines *Rating* „Low Level of Development".
2. Zuordnung der *Information Entity* „Book A" zu dem *Rating*.
3. Zuordnung des *Ratings* zum Profil „Abonnement X".
4. Erzeugen einer *Information Entity* „Article F".
5. Erzeugen eines *Rating* „Relation 75%".
6. Zuordnung von „Book A" und „Article F" zu *Rating* „Relation 75%".
7. Erzeugen eines *Rating* „High Level of Abstraction".
8. Zuordnung des *Ratings* zu „Article F".
9. Erzeugen eines *Rating* „Descriptor".
10. Erzeugen eines Basic *Term* „Business Model".
11. Zuordnung des Basic *Term* zu „Descriptor".
12. Zuordnung des *Ratings* „Descriptor" zu „Article F".
13. Erzeugen eines Category *Term* „Literature".
14. Zuordnung des Category *Term* zu „Article F".
15. Erzeugen eines Generic *Term* „IRMA".
16. Zuordnung von „Book A" und „Article F" zum Generic *Term* „IRMA".

Abbildung 41 zeigt das Objektdiagramm, das nach Abarbeitung der Use Cases entsteht. Der Übersicht halber sind die Beziehungen nur in einer Richtung beschriftet. Es existieren zwei Arten von Verbindungen:

♦ Eine durchgezogene Linie mit einem runden Ende. Diese Art von Relation ist gerichtet und stellt dar, welches der beiden Elemente das andere referenziert - die runde Endung ist die referenzierende. Beispielsweise verweist die *Information Entity* „Book A" auf die *Instance* „Book A 1", aber nicht umgekehrt. Dies entspricht der einseitigen Verknüpfung, wie sie und ihre Charakteristiken in Kapitel 4.3 beschrieben wurde.

♦ Eine unterbrochene Linie mit zwei runden Enden. Diese Referenz ist eine doppelte Verknüpfung, jede Seite referenziert die jeweils andere. Die *Information Role* „Author X" und die *Information Entity* „Book A" sind ein solches Paar. Zwischen *Container* und *Instance* ist ebenfalls diese Verbindung denkbar, um z.B. auch von der Instanz aus unmittelbar den Aufbewahrungsort zu erfahren.

Bei den Instanzen gibt die Angabe hinter dem „/" an, ob die Instanz eine wirklich notwendige oder eine aus Modellgründen erstellte ist. Ein „n" bedeutet beliebig viele mögliche Instanzen, eine „1" die Beschränkung auf das vorhandene Objekt.

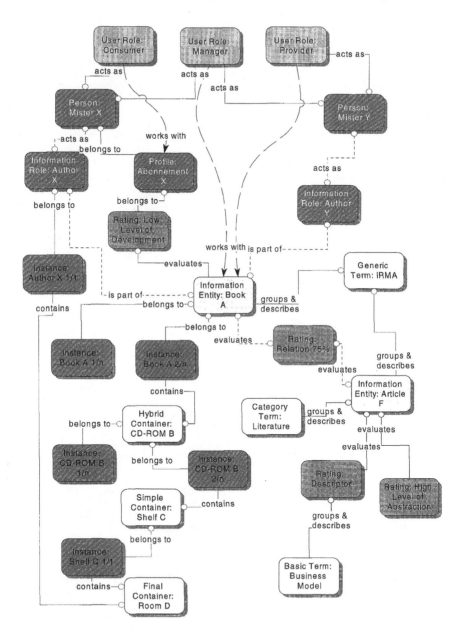

Abbildung 41: Darstellung des zentralen Use Case im Objektdiagramm

4.5 Workflow

Der Einsatz von Workflow dient dazu, repititive Vorgänge zu gliedern, sie in einen Ablauf zu bringen und in ihrer Durchführung zu unterstützen und zu überwachen. Das Konzept ist vielseitig einsetzbar, beispielsweise zum Management von Dokumenten wie es in Kapitel 2.3.1 beschrieben ist. Dabei ist Workflow hauptsächlich zur Führung von Erstellungs-, Änderungs- und Reviewprozessen zuständig. Dabei kommen auch Schnittstellen zu anderen Technologien in Frage, z.B. zu Benachrichtigungsdiensten: „Work-flow systems might also notify workers when a new version becomes available" [BOY97, 76]. Die Anbindung muß dann sowohl an das Dokumentenmanagement als auch an das Mail-System erfolgen: „Work-flow engines typically have two critical integration points in an EDMS[32] - the repository and the e-mail system." [BOY97, 76] Das Repository stellt in diesem Fall die Datenbasis für die elektronisch gespeicherten Dokumente dar.

Workflow ist weiterhin ein Einsatzgebiet für Intelligent Agents. Sie betreuen den Anwender auf dem Weg durch die Prozesse und helfen ihm wie ein persönlicher Assistent. Dabei zeigen sie Verzweigungen und Alternativen an entsprechenden Stellen auf.

Im folgenden wird anhand des Vorgangs zur Erstellung eines semantischen Netzes exemplarisch ein Workflow abgebildet:

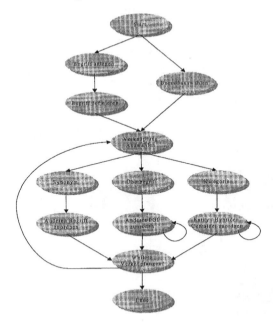

Abbildung 42: Workflow zur Erstellung eines semantischen Netzes

---

[32] Abkürzung für Electronic Document Management System.

4.6 Watch & Notify

Der Einsatz von Watch & Notify umfaßt den Bereich der Systemüberwachung und der Benachrichtigung der Benutzer bei relevanten Ereignissen. Für das Framework ist dieser Aspekt in soweit interessant, als das er drei wesentliche Funktionen des IS integriert:

1. Das **Event-Monitoring** ist technisch ein klassischer Controller des MVC[33]-Gedankens. Er reagiert auf vorher bestimmte Aktivitäten im System. Diese Funktionalität kann z.B. durch einen Intelligent Agent realisiert werden, der individuell für jeden Anwender gestartet oder gestoppt wird und selbständig aktiv ist.

2. Die **Benachrichtigung** ist Aufgabe einer Groupware oder eines Mailservice und wird bereits häufig in firmeninternen Netzen eingesetzt. Dieser Dienst wird durch den Controller angestoßen.

3. Die Ermittlung der **Relevanz** eines Ereignisses ist eine komplexe Problematik. Oft herrscht zwischen der theoretischen, vom System bestimmten Relevanz und dem praktischen Nutzen ein Unterschied. Dieser wird auch als „Fact Gap" [DRE97] bezeichnet. Er wird durch mehrere Faktoren beeinflußt und ergibt letztendlich die Qualität der Information: je größer der „Fact Gap", desto schlechter ist sie. Abbildung 43 stellt maßgebliche Einflußfaktoren für die Information Quality zusammen und ordnet sie ihren Ursprüngen zu:

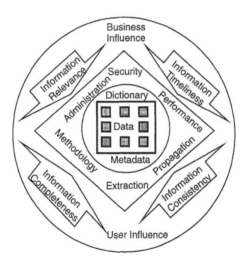

Abbildung 43: Information Quality [DRE97]

---

[33] Abkürzung für Model View Controller, ein objektorientiertes Konzept, daß das Modell, die Darstellung und die kontrollierenden Komponenten einer Architektur trennt (vgl. [GAM94, 4]).

Den zentralen Punkt der Qualität bilden die Daten. Sie wiederum sind durch Metadaten und Dictionarys beschrieben. Dieser Informationspool wird durch verschiedene Aspekte in seiner Qualität beeinflußt. Beispielsweise hat die angewandte Verwaltungsart Auswirkungen auf Vollständigkeit, die eingesetzten Methoden auf die Konsistenz und die „Extraction", also das Retrieval, maßgeblich auf die Relevanz.

Die verschiedenen Auswirkungen sind durch Pfeile in der Abbildung symbolisiert. Zum einen ist dies **Timeliness**. Sie repräsentiert die Aktualität der Informationen. In einer Marketingabteilung sind z.b. veraltete Informationen irrelevant, wenn es um aktuelle Verkaufszahlen geht.

Die Information **Consistency** ist ein kritischer Faktor in bezug auf den Wahrheitsgehalt einer Information. Hochrechnungen oder Data Mining auf inkonsistenten Daten ergeben kein verläßliches Ergebnis. Unter den Bereich der Konsistenz fallen ebenso die Referenzen, welche auf richtige oder aktuelle Quellen verweisen sollen.

Für die Vollständigkeit oder auch **Completeness** von Auskünften ist die zugrundeliegende Ausgangsbasis angesprochen. Entscheidungsprozesse müssen dabei nicht alle existierenden Informationen einbeziehen. Vielmehr ist hier die hinreichende Menge gemeint, die eine fundierte Entscheidung ermöglichen. Dieser Bereich hängt bei der Verdichtung von Daten stark mit Consistency zusammen.

Relevance gibt an, inwieweit die bereitgestellten Informationen den tatsächlich benötigten entsprechen. Sie können sowohl konsistent, vollständig und aus der richtigen Zeitperiode kommen, ohne dabei für meine Fragestellung relevant zu sein. Beispielsweise ist die vollkommen korrekte Nachricht (Consistency), daß sich zu einem gültigen Zeitpunkt (Timeliness) drei Dokumente (Completeness) geändert haben, von keinerlei Wert, wenn ich mich ausschließlich für neue Konferenzen interessiere.

Bei der Umsetzung eines Agents[34] für den Watch & Notify Service sind diese Aspekte neben den reinen Monitoring-Funktionen zu berücksichtigen. Andernfalls erfüllt die Komponente nicht ihren Zweck: den Benutzer mit relevanten Informationen ohne sein explizites Zutun zu versorgen.

---

[34] Siehe auch Kapitel 2.4 zum Push-Prinzip.

4.7   Dynamic User Interface

Der Benutzerschnittstelle kommt in einem Informationssystem eine besondere Bedeutung zu. Ihre Aufgabe ist die Vermittlung von Informationen, und durch ihre Präsentation trägt sie unmittelbar dazu bei, aus dieser Information Wissen zu schaffen. Bringt die Darstellung nicht oder nur mühsam Zusammenhänge zum Ausdruck, genügt sie diesen Anforderungen nicht. Besonders in der Welt des Wissens ist die Vernetzung eine entscheidende Charakteristik.

Das Navigieren durch dieses Netz ist ein komplexes Unterfangen. Da prinzipiell kein Anfangs- oder Endpunkt existiert, verliert man sich leicht in der Struktur. Dies ist nicht zuletzt eines der hauptsächlichen Probleme des WWW und durch den bezeichnenden Ausdruck „Lost in Cyberspace" beschrieben.

Um dieses Problem zu lösen, wurde in verschiedene Richtungen gedacht, z.B. Visualisierung per VRML (drei Dimensionen), hierarchische Verzeichnisse[35] auf den Webseiten (zwei Dimensionen) oder lineare Aufzeichnung (eine Dimension) der besuchten Adressen. Mit jeder fehlenden Dimension geht Information verloren, mit jeder zusätzlichen entsteht Komplexität, die bewältigt werden muß.

Diese Bewältigung ist die Aufgabe der Benutzerschnittstelle:

We can think of attempts to cope with 'information overload' in terms of a dimension from:

♦   making information less 'raw' by harnessing it in some way - for example selecting, classifying, validating, packaging or interpreting it; to

♦   empowering the user to handle the 'raw' information better. [FOR94, 21]

Der erste Ansatz geht in Richtung Metadatenverwaltung und -darstellung, der zweite in Richtung Navigationshilfen und intelligenter GUI.

Besonders der Dynamik ist dabei Rechnung zu tragen, vor allem in einem Informationssystem, das ständigen Änderungen unterworfen ist. Diese Änderungen finden nicht nur auf Objekt-, sondern auch auf Klassenebene statt, beispielsweise wenn neue Typen entstehen oder bestehende geändert werden. Falls in dem Fall die Benutzerschnittstelle manuell angepaßt wird, etwa um neue Attribute abzubilden, so stellt dies einen erheblichen Wartungsaufwand dar.

Die Lösung dafür ist ein GUI, das sich zur Laufzeit individuell aus den Angaben der abzubildenden Klasse aufbaut. Voraussetzung ist die Definition der Darstellungselemente, unabhängig von deren Inhalt. Dabei werden auch komplexe Objekte berücksichtigt, die unter Umständen aus mehreren Bausteinen und aus weiteren Objekten bestehen.

Das Ergebnis ist eine Schnittstelle, die nicht nur auf unterschiedliche Objekte Rücksicht nimmt, sondern über diesen Mechanismus auch benutzerspezifische Oberflächen gestalten kann. Der Anwender stellt sich seinen persönlichen Präferenzen gemäß die Arbeitsumgebung zusammen. Diese Einstellungen werden in seinem Profil gespeichert und stehen fortan als Ausgangsbasis zur Verfügung.

Der Prototyp in Kapitel 5 berücksichtigt die Dynamik sowohl auf Klassen- als auch auf Benutzerebene.

---

[35] Sogenannte „site maps".

4.8 Scalability

Die Erweiterbarkeit eines Systems ist auf allen Ebenen ein entscheidender Faktor für den langfristigen Einsatz. Ist diese Skalierbarkeit nur mühsam und manuell zu erreichen, so übersteigt der Wartungsaufwand unter Umständen die zumutbare Grenze. Somit beeinflußt das Merkmal **Scalability** entscheidend die variablen Kosten eines Informationssystems.

Das vorhergehende Kapitel behandelt bereits die Konsequenzen der Erweiterungen auf die Benutzerschnittstelle. Die dabei geforderte Dynamik läßt sich analog auf andere Bereiche übertragen, z.B. auf Prozesse und Funktionen oder auf die Systemarchitektur.

Einen besonderen Schwerpunkt bilden die Informationstypen. Sie entsprechen den Klassen in der Objektorientierung[36]. Im Gegensatz zu dem GUI gehört dieser Bereich nicht in den View-, sondern in den Modellbereich des MVC Prinzips. Das Design auf dieser Ebene ist hauptsächlich Aufgabe von Programmiersprachen oder Entwicklungsumgebungen. Der dynamische Zugriff durch eine Anwendung auf diese Metainformationen ist restriktiv und die Erweiterung von Modellen zur Laufzeit von Systemen kaum unterstützt. Ein Ansatz dazu ist das Projekt „FISH" (Flexible Information System for Hypermedia) [KRI97], das als Prototyp bereits dynamische Erstellung von Klassen und Zuordnung von entsprechenden Attributen bietet. Attribute sind ebenfalls Objekte, allerdings können sie nicht geschachtelt werden. Diese Funktionalität ist durch ein GUI dem Anwender zugänglich:

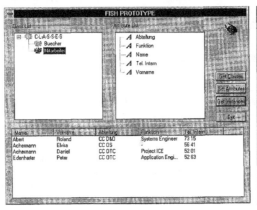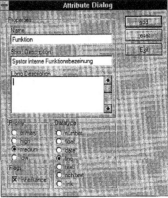

Abbildung 44: FISH Prototype: Main Window & Attribute Dialog [KRI97]

Das dargelegte Konzept zeigt wie Dynamik auch auf der Modellebene erreicht wird. In Kombination mit einer dynamischen Benutzerschnittstelle, welche diese Klassen dem Benutzer zur Arbeit präsentiert, entsteht eine hochflexible Anwendung.

---

[36] „Informationstyp" ist im angesprochenen Business Context der treffendere Ausdruck. Er abstrahiert von der Objektorientierung und ist für einen Benutzer leichter verständlich. Ähnlich wird von Exemplaren im Zusammenhang mit Instanzen geredet.

4.9 System Architecture

Um ein Informationssystem zu realisieren, ist eine Laufzeitumgebung notwendig. Sie umfaßt neben den eingesetzten Schnittstellen, Datenbanken und Applikationen auch eine Aufteilung entsprechend des Client/Server Prinzips:

> An *information management framework* provides a structured user interface that provides: intranet and nonintranet application access; structured and saved searches; a structured publishing repository; and a consistent search-and-retrieval look-and-feel. [AND96]

Gemäß dieser Aussage fiel auf Basis der in dieser Arbeit vorgestellten Technologien die Wahl für den Prototyp auf folgende, vereinfacht dargestellte Architektur:

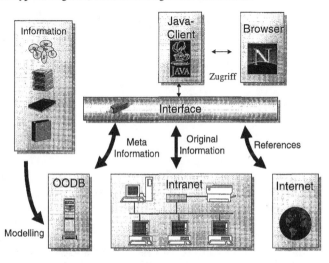

Abbildung 45: Schematische Darstellung der Systemarchitektur des Prototyps

Die abgebildete Umgebung bietet folgende Funktionalität:

♦ Modellierung von Informationen auf einer objektorientierten Datenbank.

♦ Zugriff auf diese Metainformationen durch Schnittstellen zu einem Java-Client, der auch durch einen Browser darstellbar ist.

♦ Zugriff auf die elektronisch gespeicherten Originale durch eine Schnittstelle zu einer Intranet-Umgebung. Abbildung in den entsprechenden Applikationen, z.B. Word.

♦ Referenzen auf Quellen im Internet, die ebenfalls durch den Client aufgelöst werden. Abbildung im Browser.

♦ Offene Architektur durch ein zentrales Interface, idealerweise mittels eines Object Request Brokers.

Diese Architektur stellt das Ziel der Umsetzung dar, das folgende Kapitel 5 erläutert, inwieweit sie erreicht wurden. Als Beispiel für eine Alternative bei der Anbindung einer Datenbank ist in Abbildung 46 angeführt:

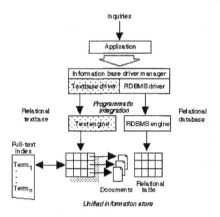

Abbildung 46: An Integrated Information Base [BAI95]

Die Illustration verdeutlicht den Zugriff einer Abfrage auf die „Information Base". Dabei gibt die Applikation die Suche an eine Schnittstelle weiter, die sie sowohl an eine relationale Textdatenbank und an ein Datenbank Management System leitet. Die Textdatenbank ermittelt das Ergebnis aufgrund eines Index und der Originaldokumente, das RDBMS mittels relationalen Tabellen.

Das beschriebene Framework ist durch die angeführten Aspekte mit Inhalt gefüllt worden. Damit ist der entscheidende Schritt zu einer Realisierung des Informationssystems getan. Die einzelnen Bereiche sind jeweils auf die Vorgaben des zentralen Informationsmodells ausgerichtet: die technischen Anforderungen, die abzubildenden Informationstypen, die konkreten Anwendungsfälle, der Ablauf der Prozesse, die Integration von Nachrichten, Agenten und Relevanzaspekten zu Watch & Notify, die Dynamik im allgemeinen und speziellen für das User Interface sowie die Systemarchitektur.

5 REALISIERUNG IRMA

Im Rahmen der Diplomarbeit wurde ein Prototyp entwickelt, der einige Bereiche und Funktionalitäten des Business Information Models[37] abdeckt. Neben einer einfachen Benutzer-, Klassen- und Profilverwaltung wurde als Schwerpunkt das Management der *Pieces of Information* (POI) und deren Visualisierung gewählt.

Der Prototyp erhielt den Namen Information Retrieval and **MA**nagement (**IRMA**). Dies verdeutlicht die Hauptfunktionalität des Systems.

Im folgenden wird das Klassendiagramm des Prototyps IRMA erläutert und seine Unterschiede zu dem Business Information Model herausgearbeitet.

Danach wird die zur Entwicklung benutzte Software betrachtet und deren Besonderheiten kurz dargestellt.

Abschließend wird im Hauptteil dieses Kapitels der Prototyp ausführlich erläutert. Neben der Funktionalität werden jeweils am Ende des Abschnittes interessante Codeteile aufgelistet.

5.1 Modell

Der Prototyp des Information Systems IRMA hält sich weitestgehend an das theoretische Business Information Model. Während diese theoretische Sicht keinerlei Beschränkungen bezüglich technologischen Gegebenheiten, vorhandener Software oder sonstiger Ressourcen berücksichtigt, muß der Prototyp sich an die Umgebung anpassen. Dies schlägt sich auch in dem Objektmodell nieder.

Zur Verdeutlichung werden die Änderungen gegenüber dem Business Information Model beschrieben und begründet.

5.1.1 Klassendiagramm

Das Klassendiagramm des Prototyps IRMA wurde nach der Notation[38] von Grady Booch erstellt. Es bildet die für die Modellierung des Prototypen wichtigen Klassen und Attribute ab. Es zeigt deutlich die Gemeinsamkeiten und Unterschiede zu dem Business Information Model:

---

[37] Siehe dazu Kapitel 3.

[38] Vgl. [BOO94].

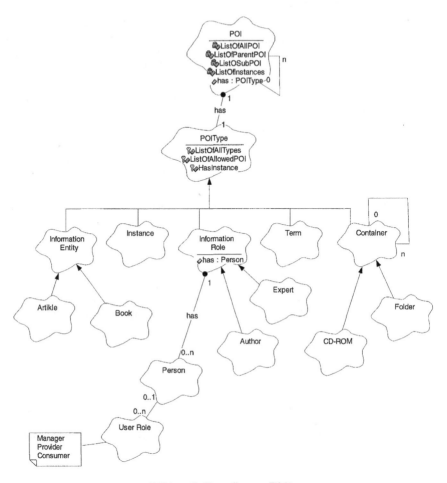

Abbildung 47: Klassendiagramm IRMA

Bei Betrachtung des Klassendiagramms fällt eine breite Übereinstimmung mit dem Business Information Model auf[39].

Hervorzuheben ist, daß in dem Klassendiagramm von IRMA ebenfalls der Gedanke des *Piece of Information* (POI) als die zentrale Klasse beibehalten wurde. In einem Klassenattribut „Liste" (*ListOfAllPOI*) werden alle POI abgelegt, was Klassenmethoden wie das Auffinden eines POI anhand seines Titels ermöglicht.

---

[39] Siehe dazu Kapitel 3.2.

Das POI besitzt eine *0 zu n* Relation zu sich selbst. Die Relation implementiert Links zu anderen POI. Dazu führt das POI eine Liste mit den verknüpften POI (*ListOfSubPOI*). Über diese kann die Vernetzung abgebildet werden. Gleichzeitig verwaltet das Objekt eine Liste mit allen POI, denen es als Unterbegriff dient (*ListOfParentPOI*). Trägt ein POI einen Unterbegriff ein, wird diese Liste aktualisiert. Der erhöhte Verwaltungsaufwand kann aber begründet werden. Würde diese Liste nicht bestehen, müßten beim Löschen eines POI alle durchforscht werden, um bei ihnen das entsprechende aus der *ListOfSubPOI* zu entfernen. Gerade bei einer großen Anzahl von POI kann dies zu einer nicht mehr akzeptablen Performance führen. Hier sei nochmals daran erinnert, daß jede Information in IRMA als POI abgelegt wird. So führt die Implementation dieses Modells unweigerlich zu einer stetig wachsenden Anzahl von POI Instanzen.

Zuletzt enthält jedes POI eine Liste der Exemplare (*ListOfInstances*). Mit Hilfe dieser Liste werden Exemplare angelegt, verwaltet und auch gelöscht.

Die Verknüpfung von POI zu POIType ist eine *has*-Beziehung. Ein POI hat genau eine Instanz eines Informationstyps, und diese ist in genau einem POI enthalten. Warum das Modell auf diese Weise implementiert wurde, wird im Abschnitt 5.1.2 zu den Designalternativen erläutert.

Die **wichtigste Änderung** in diesem Modell ist das Fehlen der Klasse *Composite Information*. Diese wird durch die Klasse **POIType** ersetzt. POIType vererbt an alle Informationstypen. Diese sind analog dem anderen Modell: *Information Role, Information Entity, Instance* und *Container*. Diese Klassen vererben wichtige Attribute an die Subklassen.

Was unterscheidet die Klasse POIType von *Composite Information*? *Composite Information* hält sich an das „Composite Structural Pattern" [GAM94, 163 ff.][40]. Dieses Muster erlaubt die Zusammensetzung und Schachtelung von Informationen. Um dies in IRMA zu realisieren, müßte die Klasse POIType Funktionen zur Schachtelung und Modellierung von Informationstypen zur Verfügung stellen. Dies ist nicht der Fall. Der Name *Composite Information* ist demnach für diese Klasse nicht gerechtfertigt.

Das bedeutet nicht, daß keinerlei Möglichkeit zur Schachtelung und Wiederverwendung von Informationen in IRMA enthalten ist. Gerade dies ist ja ein Hauptziel eines Information Management Systems. Die Wiederverwendung von Informationen wird zum einen durch die Vernetzung der POI über die Liste mit den zugeordneten POI verwirklicht. Zum anderen wird bei dem Design der Typen als Attribut nie ein anderer Typ implementiert. Hier werden ausschließlich POI eingetragen. Beispielsweise hat ein Buch einen oder mehrere Verfasser. Bei dem Design von Buch wird nun nicht unter dem Attribut Verfasser die Subklasse der *Information Role* Author eingetragen. Statt dessen wird hier ein POI definiert. Über die Definition muß zusätzlich erreicht werden, daß hier nur ein POI referenziert werden kann, welches als Typ einen Verfasser enthält. Dies erfolgt in IRMA über Namenskonventionen. Dazu mehr in der Beschreibung des Prototyps (siehe Kapitel 5.3).

POIType vererbt an seine Subklassen eine Liste, in welcher definiert wird, welche Typen anderen Typen über ein POI zugeordnet werden dürfen (*ListOFAllowedPOI*). Dies garantiert, daß bei der Vernetzung der POI über die Liste der Untergeordneten (*ListOfSubPOI*) keine unlogischen Verbindungen entstehen können. So macht es keinen Sinn, einem Buch ein Exemplar eines anderen Buches zuzuordnen. Andererseits müssen zu Mitarbeitern

---

[40] Siehe dazu Kapitel 3.3.2.

Buchexemplare verknüpft werden können. Dies bildet ab, welcher Mitarbeiter welches Exemplar ausgeliehen hat.

Zusätzlich vererbt POIType ein Attribut *HasInstance*. Mit Hilfe dieses Attributes wird definiert, ob ein Typ Exemplare erzeugen kann. Es verhindert, daß z.B. Exemplare einer Person angelegt werden.

Des weiteren hat POIType eine Liste aller Typen (*ListOfAllTypes*). Hier werden nicht alle Instanzen der Subklassen eingetragen, sondern nur die definierten Unterklassen selbst. Mit Hilfe dieser Liste wird garantiert, daß bei Neuanlage eines POI alle implementierten Typen zur Verfügung stehen.

Die Klasse *Rating* mit den zugehörigen Methoden wurde nicht in IRMA implementiert.

Nun zu den **Unterklassen von POIType**:

Die Klasse *Information Entity* entspricht dem Gedanken des in Kapitel 3.3.4 erläuterten Business Concept Objects. Das gleiche gilt für die Klasse *Instance*. In IRMA werden keinerlei Unterschiede zwischen den Exemplaren der verschiedenen Typen gemacht. Eine Implementation von typenabhängigen Exemplaren ist durch die Bildung von Subklassen der Klasse *Instance* mit den speziellen Attributen möglich.

Eine Änderung gibt es bei *Information Role*: Da eine Instanz dieser Klasse immer eine Instanz von *Person* beinhaltet und nicht nur referenziert, wird eine has-Beziehung zu *Person* aufgebaut. Eine *Information Role* hat genau eine Person. Eine Person kann dagegen in *0 bis n* Instanzen enthalten sein. So ist ein Verfasser immer eine Person, ein Person kann aber gleichzeitig Verfasser, Experte und Benutzer sein. Zu beachten ist, daß in IRMA eine Person nicht nur ein Mensch, sonder auch ein Unternehmen sein kann.

Die Klasse *Person* hat keine bzw. genau eine *User Role*. Bei IRMA kann die Rolle analog zu dem Business Information Model entweder Consumer, Provider oder Manager sein.

Die Klasse *Term* hat in IRMA nicht die in Kapitel 3.3.3 beschriebene Funktionalität. Sie wird benutzt, um Begriffe zu definieren und zu gruppieren. Durch die Zuordnung über die *ListOfSubPOI* können Vernetzungen aufgebaut werden. Ihre zusätzlichen Funktionen, wie explizite Kategorisierung, wurden in IRMA nicht implementiert.

Die *Container* Klasse hält sich an die Vorgaben des Business Information Models. Ein Container kann wiederum ein POI eines anderen Container enthalten. Sie kann zur Vererbung an die verschiedenen Containerarten benutzt werden. Hat ein Container in seiner *ListOfParentPOI* keinen anderen Container, ist er ein *Final Container*. Die beiden anderen Typen, Hybriden und einfache Container, werden durch die Vernetzungsmöglichkeiten der POI verwirklicht. IRMA bietet keinerlei Funktionalität zur Containerverwaltung, wie z.B. eine Abfrage, ob ein Lagerort voll ist. Diese kann aber ohne großen Aufwand in der *Container* Klasse implementiert werden.

5.1.2 Designalternativen

Bei dem Versuch, Information in einem objektorientierten Modell abzubilden, wird sofort ersichtlich, daß Informationen in verschiedene Typen unterteilt werden müssen. So macht es einen großen Unterschied, ob eine Information über ein Buch, Projekt oder eine Person besteht.

Zusätzlich muß betrachtet werden, wie und womit eine Information übermittelt wird. Dies kann z.B. durch Ton, schriftlich oder mit Hilfe von Bildern geschehen. Auch der Träger einer Information ist unterschiedlich. Ein Buch kann als physisches Exemplar vorliegen, aber auch auf einer CD-ROM oder als Datei abgespeichert sein.

Um dies zu realisieren, wurde zum einen in POIType und zum anderen in *Pieces of Information* unterschieden. Die Typen sind die Muster oder Templates für die Information. Die POI verknüpfen die Information mit einem Template und bilden die für sie wichtigen Relationen und Werte ab.

Es gibt verschiedene Möglichkeiten, wie dies in einem Modell abgebildet werden kann. Im folgenden werden die einzelnen Möglichkeiten erläutert, diskutiert und bewertet:

Zuvor sollte man sich in Erinnerung rufen, daß eine Bewertung in diesem Fall immer aus zwei verschiedenen Gesichtspunkten vorgenommen werden muß:

⇒ Aus rein theoretischer Sicht

Es wird versucht, das Modell so gut und flexibel wie möglich abzubilden. Dabei wird keinerlei Rücksicht auf irgendwelche implementationsspezifischen Beschränkungen und Restriktionen genommen.

⇒ Aus praktischer Sicht

Bei der Modellierung werden technische Beschränkungen von Hardware und Software, aber auch finanzielle und wirtschaftliche Aspekte berücksichtigt.

Die Abbildung von Information in einem Modell kann im wesentlichen auf **vier verschiedene Arten** vorgenommen werden.

Die **erste Möglichkeit** stellt **keine Trennung von POI und POIType** dar. Dies resultiert aus der sich aufdrängenden Fragestellung: Warum soll Typ von POI getrennt werden? Typ vererbt lediglich *ListOfAllowedPOI* und *HasInstance* an die erbenden Klassen. Dies kann auch von POI aus geschehen.

Die folgende Abbildung zeigt die Alternative ebenfalls nach der Notation von Grady Booch:

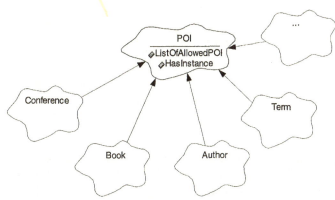

Abbildung 48: Realisierungsalternative I

Hier ergeben sich jedoch Probleme, welche diese Möglichkeit als nicht akzeptabel erscheinen lassen:

Jedes POI verfügt über zahlreiche Links zu anderen POI-Objekten. Wenn an einer Typklasse, wie z.B. Buch, eine Veränderung vorgenommen wird, muß eine neue Klasse mit den geänderten Attributen angelegt werden. Daraus werden die entsprechenden Objekte instanziiert. Nun werden die Werte der alten Objekte in die Neuen kopiert. Anschließend müssen für jedes Objekt zusätzlich alle Links nachgeführt werden. Dieser Aufwand ist unnötig, wie die alternativen Lösungen zeigen.

Die **zweite Möglichkeit** wird durch das **Klonen von Objekten** verwirklicht.

Dieses Modell ist ähnlich der vorigen Möglichkeit aufgebaut. Nur werden keine Klassen von Buch, Verfasser oder Term definiert. Diese Typen werden von POI als Instanzen erzeugt. POI erhält zusätzlich eine *ListofAttributes*. In den Instanzen wird diese Liste mit Platzhaltern für die typspezifischen Attribute gefüllt. Dies ermöglicht eine dynamische, zur Laufzeit vollziehbare Änderung der Attribute eines Typs. Wird ein neues Buch erstellt, wird dazu das „Ur"-Buch geklont. In diesem Klon werden nun die Attribute mit Werten gefüllt.

Dieses Modell hat gegenüber der ersten Möglichkeit den Vorteil, daß eine dynamische Anpassung möglich ist. Die Nachteile des ersten Modells werden aber nicht kompensiert.

Das **dritte Modell** beruht auf der **Trennung von POI und POIType**. Dies wir in der folgenden Abbildung dargestellt (nach Notation Grady Booch):

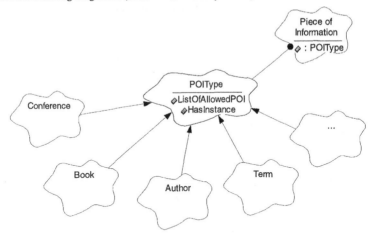

Abbildung 49: Realisierungsalternative III

Bei diesem Lösungsansatz werden POI und POIType getrennt als Klassen implementiert. Die einzelnen Typen erben von POIType und werden wiederum in Klassen definiert.

Zur Erzeugung eines neues Buch wird jeweils eine Instanz von Buch und von POI erstellt und eine Referenz in POI auf das Buch abgelegt. Die Instanz von POI verweist nun auf das

Buchobjekt. In der Instanz des Buches werden die Attribute bestimmt, d.h. konkret mit Werten gefüllt. In dem POI werden die Verknüpfungen zu den anderen POI abgelegt.

Da das POI nur das Buch referenziert, muß bei Änderungen an der Klasse Buch, und dadurch wie im ersten Fall an neuen Objekten, nur der eine Link auf die Instanz von Buch nachgeführt werden. Die restlichen Links, welche auf POI zeigen, bleiben unbetroffen.

Die **vierte Möglichkeit** ist das **Trennen von POI und POIType mit dynamischer Attributerstellung.**

Im dritten Fall werden die Typen als Klassen definiert. Dies hat den Nachteil, daß bei Änderung einer Klasse (z.b. neues Attribut) im Quellcode Veränderungen vorgenommen werden müssen, d.h. das System muß neu kompiliert und implementiert werden.

Dies kann durch zwei Lösungsansätze umgangen werden:

⇒ Nicht nur die Attribute, sondern auch die Klassen werden dynamisch abgebildet. Dies wird erreicht, indem Klassen selbst als Attributlisten angesehen und deren Attribute durch Links verknüpft werden. Dies wurde in einer Testanwendung innerhalb der SYSTOR AG verwirklicht[41]. Allerdings wurde nie ein Test der Performance durchgeführt.

⇒ Die Typen werden wie im zweiten Model als Instanzen definiert. Sie bekommen ebenfalls eine *ListOfAttributes*, welche in POIType implementiert ist. In den Instanzen werden die Attribute definiert. Wird nun ein POI erstellt, wird eine Referenz auf die Typeninstanz gebildet. POI generiert in seinen Instanzen eine *ListOfValues*. In dieser Liste werden die Werte der Attribute eingetragen, die mit der *ListOfAttributes* aus der Typbeschreibung korrespondieren.

Der Vorteil dieser Lösung ist die dynamische, zur Laufzeit vornehmbare Veränderung der Typen. Der Nachteil ist die Trennung der Attribute von den Werten. So muß jedesmal verglichen werden, ob in der *ListOfValues* an erster Stelle ein zulässiger Wert der ersten Stelle der *ListOfAttributes* steht. Dies jedoch entspricht dem relationalen tabellarischen Denken.

Nach Betrachtung der hier aufgeführten Möglichkeiten fällt auf, daß die Möglichkeiten eins und zwei nicht in die engere Auswahl gelangen können. Alle ihre Vorteile werden durch das dritte und vierte Model ebenfalls erfüllt, der Nachteil durch die Vielzahl an notwendigen Verbindungsänderungen bleibt bestehen.

Modell Nummer vier, mit der dynamischen Klassenerzeugung, bietet sicherlich aus der rein modelltheoretischen Sicht die beste Lösung. Sie hat aus praktischer Sichtweise den Nachteil, daß ein solches System heute noch nicht, zumindest nicht genügend ausgereift, vorhanden ist. Somit wäre eine Eigenentwicklung von dynamischer Klassenerstellung notwendig, die den Rahmen der Diplomarbeit sprengen würde.

Darum fällt für unseren Prototypen die Wahl auf das Modell Nummer drei. Die Trennung von POI und Type bleibt bestehen. Zudem werden die Klassen zwar starr programmiert, aber die Änderungen werden mit zunehmender Laufzeit immer seltener ausfallen. Dies und der Vorteil, auf ein ausgereiftes System zurückzugreifen zu können, haben unsere Wahl bestimmt.

---

[41] Siehe dazu [KRI97].

5.2 Entwicklung

Um den Prototypen entwickeln zu können, mußten wir uns für eine Programmiersprache entscheiden. Abhängig von der Programmiersprache ist die Wahl der Entwicklungsumgebung. Da ein Information Management System nur sinnvoll ist, wenn die Daten auch persistent abgelegt werden, benötigten wir zusätzlich eine geeignete Datenbank.

Daraus ergeben sich auch die Anforderungen an ein geeignetes System, auf welchem der Prototyp lauffähig ist.

Im folgenden wird die benutzte Software beschrieben und die Wahl begründet. Abschließend werden die Anforderungen definiert.

5.2.1 Programmiersprache

Um ein System zu entwickeln, kommt man nicht an einer objektorientierten Analyse vorbei. So schreibt Grady Booch:

> Our experience leads us to apply the object-oriented view first because this approach is better at helping us organize the inherit complexity of software systems, just as it helped us to describe the organized complexity of complex systems as diverse as computers, plants, galaxies and large social institutions. [BOO94, 19-20]:

Zur Nutzung der Vorteile einer objektorientierten Analyse und aufgrund der netzartigen, komplexen Datenstrukturen des Modells benötigt man eine ebenfalls objektorientierte Programmiersprache.

Die Wahl einer Programmiersprache fiel recht leicht. Durch den unglaublichen Boom der von Sun Microsystems Inc. entwickelten Sprache **Java**™[42] kam sie automatisch in die engere Auswahl. Doch nicht die explosionsartige Verbreitung von Java, was auch mit der im gleichen Umfang ansteigenden Nutzung des Inter-/Intranets zusammenhängt, sondern die sich aus der Verwendung von Java ergebenden Vorteile waren ausschlaggebend:

> Modulare, portable, wiederverwendbare und schnelle Implementierungen, die aus objektorientierten Technologien hervorgehen, sollten zur Verwendung stehen. C und C++ sind in vielerlei Hinsicht für den heutigen Stand der Entwicklung, dem Internet, unpassend geworden. [MUR96, 17]:

Da IRMA eine im Internet/Intranet lauffähige Lösung ist, wurde auch Smalltalk nicht berücksichtigt. In diesem Bereich bietet Java den größeren Funktionsumfang und Portierbarkeit:

> Java offers the promise that the network will become the computer. If the Internet breaks down barriers, Java removes the last and most difficult of these: the barrier that prevents you from taking software from some random site and executing it on any platform. [FLA96, 3]:

> Java is an ideal programming language for Internet applications. [HOF96, 5]

---

[42] Handelsmarke von Sun Microsystems, Inc.

Zusammenfassend werden die von uns für wichtig empfundenen Vorteile von Java gegenüber anderen Programmiersprachen aufgezählt:

⇒ Verwendung neuer Technologie.

⇒ Kompatibilität zu Internet- und Intranet-Lösungen.

⇒ Verteilbarkeit der Anwendung.

⇒ Objektorientierung zur Darstellung der Netzstrukturen.

5.2.2 Datenbank

Um die Objekte der Anwendung persistent zu machen, wird eine objektorientierte Datenbank benötigt. Nach einiger Suche fiel die Wahl auf die von POET Software Corporation, San Mateo, USA, entwickelte Datenbank POET 5.0 (POET Universal Object Server Version 5.0). Die Version 5.0 befand sich während der Entwicklung des Prototyps noch im Beta-Stadium und wurde im August 1997 fertiggestellt.

POET schreibt über die Anbindung ihrer Datenbank zu Java:

> Java enables developers to quickly create and deploy rich object-oriented applications. POET extends Java's utility with its industry-leading object database, the POET Universal Object Server. POET provides high performance database functionality, within the object-oriented environment of Java. POET is the first object database to support the Java/ODMG API endorsed by Sun as the standard for Java. POET leads all ODBMS vendors in implementing this and other industry standards, under the belief that proprietary APIs are a risky alternative. [POE97d]

Zusätzliche Vorteile dieser Datenbank befinden sich vor allem in den angegliederten Produkten von POET [43].

Neben der schon vorhandenen Schnittstelle zu C++ und Visual Basic wird zur Zeit ein Java Software Development Kit entwickelt. Die in der Datenbank abgespeicherten Objekte können jeweils auch von den anderen Programmiersprachen verwendet werden.

Das POET Java Software Development Kit (POET Java SDK) hält sich an den von der Object Database Management Group (ODMG) am 28. Juli 1997 vorgeschlagenen Standard ODMG 2.0[44].

ODMG ist eine Gruppe von Vertreibern objektorientierter Datenbanken (ODBMS) und daran interessierten Parteien (u.a. POET Software, O_2 Technologie, Object Design, Versant Object Technology und Microsoft). Die Mitglieder erstellen Standards für objektorientierte Datenbankapplikationen. ODMG 2.0 umfaßt die Bereiche Objekte, Datenbanken und Programmiersprachen. Dazu ein Auszug von ODMG:

> The ODMG 2.0 standard includes a new ODMG binding for Java that standardizes and simplifies the storage of Java objects in databases, a metamodel that provides a language-independent description of a database schema to tools and applications, and improved C++ and Smalltalk language bindings. [OBJ97a]

---

[43] POET bietet eine Beschreibung der Produkte unter [POE97e].

[44] Zur genauen Betrachtung siehe [OBJ97b] und [CAT97].

ODMG has become a focus of attention in recent months because of the accelerating pace of development using Java. Sun Microsystems, Inc., developer of Java, recently endorsed the ODMG Binding for Java along with other key industry players who have committed to supporting the standard. Using the ODMG Binding for Java, developers can store Java objects automatically across a wide-range of compliant databases.

Das POET Java SDK[45] unterteilt sich in Java Generic Binding und Java ODMG Binding. Es bietet folgende Funktionalität:

⇒ Java Generic Binding[46].

- Funktionen für Internet- und Intranet-Applikationsentwicklung.

- OQL-Abfragen.

- Speicherungen von Multimedia.

- Remote-Verbindungen.

- Concurrency (Transaktionen, Locking, Event, Notification).

- Datenbankadministration.

⇒ Java ODMG Binding.

- Speicherung von Objekten in der Datenbank.

- Unterstützung von Applets als auch Servlets.

- Netscape-Navigator- und lokale Applikations-Plug-Ins.

Das Java Development Kit befindet sich noch in der Beta-Phase. Es soll im dritten Quartal 1997 fertiggestellt werden. Die Browser Plug-Ins sind noch nicht enthalten.

Neben dem Java Development Kit liefert POET noch einige andere für IRMA geeignete Produkte. Die wichtigsten sind:

⇒ POET SGML Document Repository („Wildflower")[47].

- Management von Dokumenten in der POET Datenbank.

- Module zum Im- und Export von HTML- und SGML-basierenden Dokumenten.

- Organisation und Verknüpfung von Dokumenten.

- Check In /Check Out.

- Volltext-Index.

---

[45] Zusammenfassung unter [POE97b].

[46] Siehe dazu auch [POE97a].

[47] Ausführliche Beschreibung findet man unter [POE97h].

$\Rightarrow$ POET Dynamic Content Framework („Impulse")[48].

- Ergänzt das POET Document Management Framework.

- Generierung von dynamischem Inhalt aus einer POET Datenbank.

- Definitionsmöglichkeit verschiedener Layouts von Dokumenten.

- Webserver Plug-In zur dynamischen Generierung von HTML-Seiten.

- Unterstützung von SGML.

- Benutzerregistrierung und Logbuchführung.

$\Rightarrow$ POET SQL Object Factory[49].

- Gateway zu SQL-Datenbanken.

- Transparenter Zugriff auf SQL-Datenbanken.

- Dynamisches Mapping des relationalen Datenmodels in die POET DB.

- Geplant für DB/2 und Oracle.

Auch diese Produkte sollen noch 1997 fertiggestellt werden und sind zum Teil schon in einer Betaversion vorhanden.

Mit diesen Applikationen bieten sich interessante Erweiterungsmöglichkeiten für IRMA.

Wildflower ermöglicht die Bewältigung des immer wichtigeren Dokumentenmanagement mit Hilfe einer homogenen Umgebung. Die Dokumente sind Objekte der Datenbank. Dadurch können sie direkt in ein POI eingebunden werden.

Mit Impulse kann z.B. die Vernetzung der POI durch HTML abgebildet werden.

Die POET SQL Object Factory stellt die Funktionalität zur Verfügung, um existierende Informationssysteme in IRMA zu übernehmen oder mit IRMA darzustellen.

Die zukünftigen Vorteile der POET Produkte rechtfertigten, daß der Prototyp mit einer Betaversion des Java Development Kits entwickelt wurde. Allerdings sind einige der benötigten Funktionen, wie der Zugriff auf die Metainformationen der Datenbank, nicht mehr bis zur Abgabe der Diplomarbeit von Seiten POETs realisiert worden. So konnte das ursprünglich geplante dynamische Generieren von Klassen nicht verwirklicht werden.

5.2.3 Java ODMG Binding

Zur Abspeicherung der Objekte wurde die POET Datenbank mit dem Java ODMG Binding des Java Development Kits verwendet. Im folgenden werden die POET-spezifischen Gegebenheiten erläutert. Zum Verständnis werden Grundkenntnisse in der Programmiersprache Java vorausgesetzt.

---

[48] Dokumentation unter [POE97g].

[49] Beschreibung der POET SQL Object Factory findet man unter [POE97f].

Eine ausführliche Dokumentation kann zusammen mit den Demonstrationsversionen ebenfalls von der POET Homepage heruntergeladen werden. Dieses Kapitel orientiert sich an [POE97c] .

Um die in den Java Klassen festgelegten Definitionen zu lesen und in der Datenbank abzubilden, benutzt POET einen unter Microsoft DOS laufenden **Pre-Processor,** genannt **ptjavac.** Zur Verwendung muß in der DOS Pfadangabe auf das POET Verzeichnis „\bin" verwiesen werden (z.B. Path=C:\Poet 50\bin).

Der Pre-Processor liest die Java Konfigurationsdatei mit dem Namen **ptjavac.opt.** In dieser Datei wird festgelegt, wie die Datenbank und das Dictionary heißt, welche Klassen persistent und welche transistent sind. Zusätzlich wird hier angegeben, ob die Klasse einen Index erhalten soll. Bei Verwendung eines Index werden die Objekte in nach einem Attribut sortierter Reihenfolge aus der Datenbank gelesen.

Das folgende Beispiel zeigt einen Teil einer Konfigurationsdatei:

```
[schema\dictionary]
name = "IRMA_dict"
onefile = true

[schema\database]
name = "IRMA_base"
onefile = true

[classes\POI]
persistent = true ; muß angegeben werden!

[classes\Book]
persistent = true ; muß angegeben werden!
```

Listing 1: POET Konfigurationsdatei ptjavac.opt

Unter [schema\dictionary] und [schema\database] werden die Namen der Datenbank und des Dictionary angegeben. Die Datenbank und das Dictionary bestehen, jeweils für den Benutzer unsichtbar, aus einer eigenen Datenbank und einem eigenen Dictionary. Der Parameter „onefile = true/false" kennzeichnet, ob die Datenbank mit dem internen Dictionary in einer einzigen Datei abgespeichert werden.

Mit [classes\ClassName] werden die Klassen festgelegt, welche in der Datenbank abgebildet werden. In dem Beispiel werden zwei Klassen berücksichtigt: POI und Book. Der „persistent" - Parameter kennzeichnet, ob die Objekte einer Klasse persistent sind oder ob sie nur temporär angelegt werden.

Die **Datenbank** muß vor Benutzung geöffnet und am Ende geschlossen werden. Zuerst die Syntax für das Öffnen:

```
Database open( String url, int accessMode )
throws ODMGException
```

Der Befehl benötigt als Parameter die logische Adresse der Datenbank und den
Zugriffsmodus. Möglich sind folgende Modi:

Modus	Lesen	Schreiben	Bemerkung
openReadOnly	X		Zugriff von mehreren Applikationen, falls sie in Client/Server Umgebungen gestartet wurden.
openReadWrite	X	X	s.o.
openExclusive	X	X	Zugriff von nur einer Applikation möglich.
OpenSharedReadOnly	X		Zugriff von mehreren **lokalen** Applikationen. Nur eine kann mit **OpenSharedReadWrite** zugreifen, alle anderen müssen die Datenbank in diesem Modus öffnen.
OpenSharedReadWrite	X	X	s.o.

Tabelle 15: Mögliche Zugriffsmodi von POET

Tritt ein Fehler beim Öffnen der Datenbank auf, wird eine ODMG Exception erzeugt. Das
bedeutet, es muß innerhalb eines try{} Statements geschehen. Das gleiche gilt für das
Schließen der Datenbank mit close(). Folgendes Beispiel verdeutlicht dies:

```
// Deklaration der Datenbank
Database applicationDB;
try
{
    // Aufruf der open Methode
    IRMA_DB = Database.open( "poet://LOCAL/IRMA_base",
        Database.openReadWrite );
}
catch ( ODMGException e )
{
    // Bearbeitung der Exception
}

//
// Schliessen der Datenbank
try
{
    // Aufruf der close Methode
    IRMA_DB.close();
}
catch ( DatabaseClosedException e )
{
    // Bearbeitung der DatabaseClosedException
}
```

Listing 2: Öffnen und Schließen der POET - Datenbank

Das Lesen, Schreiben, Löschen oder Modifizieren eines persistenten Objektes muß innerhalb einer Transaktion geschehen. Dazu wird ein Transaktionsobjekt erzeugt. Dieses wird mit den **begin()**, **commit()** und **abort()** Methoden bearbeitet. Anschließend ein Beispiel:

```
Transaction txn = new Transaction();
txn.begin();
... // Bearbeitung von persitenten Objekten
... //
txn.commit();
```

Listing 3: Transaktionen mit POET

Erzeugt wird ein Objekt mit der **bind()** Methode der Datenbank. Hierbei kann ein in der Datenbank eindeutiger Namen angegeben werden (Named Object). Anhand dieses Namens kann das Objekt später identifiziert werden. Wird kein Namen angegeben, muß zum Auffinden des Objektes in der Datenbank ein **Extent** verwendet werden. Dazu später.

Die bind() Methode erzeugt, wie alle Methoden der Datenbank, bei Auftritt eines Fehlers eine Exception. Deshalb müssen alle Datenbankmethoden innerhalb des try{} Statements ausgeführt werden.

Folgendes Beispiel zeigt, wie ein Objekt mit und ohne Namen angelegt wird:

```
Transaction txn = new Transaction();
txn.begin();
try
{
    // Erzeugen eines neuen Buches
    Book book = new Book();
    // Anlegen als Named Object
    applicationDB.bind( book, "Book Booch");
    // Anlegen ohne Namen
    applicationDB.bind( book, null);
}
catch ( ODMGException e )
{
    // Bearbeitung Exception
}
// Vollzug der Transaktion
txn.commit();
```

Listing 4: Transaktion zum Anlegen eines Objektes mit POET

Zu beachten ist, daß das Objekt erst mit Aufruf der commit() Methode angelegt wird. Mit abort() kann die Transaktion abgebrochen werden.

Um ein Named Object von der Datenbank zu lesen, wird die lookup() Methode verwendet. Analog der bind() Methode löst sie bei Auftritt eines Fehlers eine Exception aus. Hier ein Beispiel, wie das im vorigen Beispiel angelegt Objekt von der Datenbank gelesen werden kann:

```
Transaction txn = new Transaction();
txn.begin();
try
{
    // Deklaration eines Buches
    Book book;
    //Lesen des Buches aus der Datenbank mit Hilfe seines Namens
    book = (Book) applicationDB.lookup("Book Booch");
    //.
}
catch ( ODMGException e )
{
    // Bearbeitung Exception
}
// Vollzug der Transaktion
txn.commit();
```

Listing 5: Transaktion zum Lesen eines Objektes mit POET

Die bind() Methode speichert ein Objekt und fügt dessen Namen einer Liste der benannten Objekte in der Datenbank zu. Mit der **unbind()** Methode kann dieser Name aus der Liste entfernt werden. Das Objekt wird aber nicht gelöscht!

Um ein Objekt aus der Datenbank zu löschen, stellt POET die **ObjectServices Klasse** zur Verfügung. Neben der Möglichkeit, ein bzw. alle Objekte einer Klasse zu löschen, bietet sie noch weiter Funktionalität. Dies sind vor allem Methoden, um die benutzte Datenbank oder Transaktion abzufragen. Auch kann überprüft werden, ob ein Objekt modifiziert wurde.

Ein Objekt wird wie folgt gelöscht:

```
ObjectServices.delete( Object );
```

Da nicht nur Named Objects, sondern auch Objekte ohne spezifizierten Namen in der Datenbank gespeichert werden, muß eine Funktion vorhanden sein, um auf diese „namenlosen" Objekte zugreifen zu können. Diese bietet die Extent Klasse.

Ein **Extent**[50] ist eine Sammlung (Collection) aller Objekte einer Klasse. Es beinhaltet ebenso alle Objekte einer Klasse, an die vererbt wird. Die Klasse Extent besitzt drei Konstruktoren:

```
Extent ( Database db, String ClassName )
Extent ( String ClassName )
Extent ( Transaction txn, String ClassName )
```

Der erste Konstruktor wird benutzt, wenn es mehrere, der zweite, wenn es nur eine offene Datenbank gibt. Der Konstruktor mit einer Transaktion als Parameter wird benötigt, wenn mehr als eine Transaktion der Datenbank aktiv ist.

---

[50] Standardmäßig wird für jede Klasse ein Extent erzeugt. Will man kein Extent erschaffen, so muß man in der Konfigurationsdatei (ptjavac.opt) unter der Klassenbeschreibung „hasextent = false;" angeben.

Das Extent Objekt kann nun ähnlich der Java Enumeration Klasse durchlaufen werden. Die Klasse bietet noch weitere Methoden. Die wichtigsten sind in der folgenden Tabelle aufgeführt[51]:

Methode	Beschreibung
Informationen über den Extent	
String getClassName()	Gibt den Namen der bezogenen Klasse zurück.
Long size()	Die Anzahl der Objekte wird zurückgegeben.
boolean isEmpty()	Ergibt true wenn keine Objekte vorhanden sind, sonst false.
Navigation durch die Objektsammlung	
boolean hasMoreElements()	Zeigt an, ob nach der aktuellen Position in der Sammlung noch mehr Objekte folgen.
void advance()	Positioniert auf das nächste Element.
void previous()	Positioniert auf das vorige Objekt.
void reset()	Geht auf das erste Element zurück.
void finish()	Positioniert hinter das letzte Element.

Tabelle 16: Methoden von Extent

Mit Hilfe dieser Methoden können die Objekte einer Klasse durchsucht werden. Bei dem Start von IRMA werden damit die Objektlisten (z.B. *listofAllPOI*) gefüllt.

Das folgende Beispiel zeigt, wie alle Objekte der Klasse Buch ausgegeben werden können:

```
// Öffnen einer Datenbank und Starten einer Transaktion
//
// Erzeugen und Durchlaufen eines Extent Objektes
Extent extentBook = new Extent( db, „Book" );
extentBook.reset(); // Positionierung auf das erste Objekt
while ( extentPerson.hasMoreElements() )
{
    Book book = (Book) extentBook.currentElement();
    System.out.println(„Book " + book);
    extentBook.advance();
}
// Beenden der Transaktion, Schließen der Datenbank
// ...
```

Listing 6: Beispiel für die Ausgabe eines Extent

---

[51] Die Klasse Extent wird auch benutzt, um den Index einer Klasse zu verwenden. In dem Prototyp wurde kein Index implementiert. Ein Index muß in der Konfigurationsdatei (ptjavac.opt) angegeben werden und bezieht sich auf ein Attribut einer Klasse. Er bietet einen (z.B. nach Namen) sortierten Zugriff auf die Objekte.

POET bietet eine Reihe von Objektlisten (Collections), welche als Attribute in den persistenten Klassen Javas benutzt werden können. Es gibt Objektlisten, welche ein Objekt mehrmals (Bag, List und Varray) und welche ein Objekt nur einmal (Set) enthalten können.

Alle Collections werden von dem COM.POET.odmg.Collection Interface abgeleitet, das die Basisfunktionalität der Listen bereitstellt. Zusätzlich erben List und Varray von dem OrderCollection Interface, welches das Collection Interface um Methoden zur Selektion und zum Einfügen von Objekten in bestimmter Reihenfolge erweitert. Die folgende Abbildung verdeutlicht die Vererbungsstruktur (nach Grady Booch):

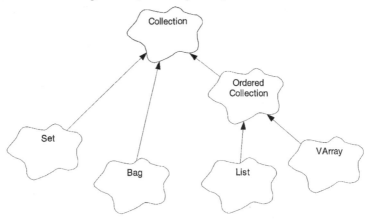

Abbildung 50: Vererbungsstruktur von Collection

Die Listen können mit Hilfe der Java Enumeration Klasse durchlaufen werden. Die folgende Tabelle zeigt die wichtigste Funktionalität der Objektlisten:

Klasse	Methode	Beschreibung
Collection	Int size()	Gibt die Anzahl der Elemente zurück.
	boolean contains(Object)	Überprüft, ob ein gegebenes Objekt enthalten ist.
	boolean isEmpty()	True, wenn leer, sonst false.
	Enumeration elements()	Erzeugt ein Enumeration Objekt.
	void add(Object)	Fügt ein Objekt am Ende der Liste ein.
	Object remove (Object)	Löscht ein Objekt aus der Liste und gibt es zurück.
	void clear()	Löscht alle Objekte aus der Liste.
	boolean contains(Object)	Überprüft, ob ein Objekt vorhanden ist.

Klasse	MeMethodethode	Beschreibung
OrderedCollection	Int find(Object)	Gibt den Index eines Objektes zurück, falls es gefunden wird.
	Object get(int)	Gibt das Objekt an der bestimmten Stelle zurück.
	Object getFirst() Object getLast()	Das erste/letzte Objekt wird zurückgegeben.
	void add(int index, Object obj)	Fügt ein Objekt an der gegebenen Stelle ein.
	void put(int index, Object obj)	Ersetzt das Objekt an der bestimmten Stelle.
	Objekt remove(int)	Löscht ein Objekt an dem Index.
	Object removeFirst() Object removeLast()	Löscht das erste/letzte Objekt.
	void pack()	Entfernt alle „null" Felder.

Tabelle 17: Funktionalität der Objektlisten

IRMA verwendet für seine Listen hauptsächlich Sets (*SetOfObject*), da diese Objekte nur einmal beinhalten. Damit wird erreicht, daß ein Objekt nicht mehrmals bearbeitet wird (z.B. bei dem Auflisten aller Bücher).

Neben der Möglichkeit, die Objektlisten mit der Enumeration Klasse abzuarbeiten, bietet POET zusätzlich ein Iterator Interface. Dieses erweitert das Enumeration Interface um Methoden zur Positionierung auf das erste, letzte oder sich an einer indizierten Stelle befindliche Objekt. Die zusätzlichen Methoden können in der POET Java Development Kit Dokumentation nachgeschlagen werden. Als Beispiel die Nutzung einer Collection:

```
// Öffnen einer Datenbank und Start einer Transaktion
// Erzeugen einer Buchliste (SetOfObject)
SetOfObject bookList = new SetOfObject();
// die Liste wird mit Objekten gefüllt
Book book = new Book("Booch");
bookList.add(book);
//
// Suchen des Buches Booch
Enumeration e = booklist.elements();
while(e.hasMoreElements())
{
    Book searchedBook = (Book) e.nextElement();
    if (book.title.equals("Booch")){
        System.out.println("Book found!");
    }
}// Beenden Transaktion und Schließen der Datenbank
```

Listing 7: Beispiel zur Anwendung einer Collection

Die weitere Funktionalität des POET Java Development Kits ist für den Prototyp IRMA irrelevant.

5.2.4 Entwicklungsumgebung

Zur Entwicklung des Prototyps mit Java wurde das Visual Café 1.1a Preview 2 der Symantec Corporation verwendet. In dieser Entwicklungsumgebung ist das Java Development Kit (JDK) 1.1 von Sun Inc. enthalten. Das JDK 1.1 wird in IRMA benötigt, um den Java Reflection Mechanismus benutzen zu können. Er bietet die Funktionalität, um in vorher unbekannten Objekten Attribute und Methoden lesen und verändern zu können. Dies ist notwendig, da alle POI unabhängig von ihren POIType behandelt werden.

Um die Funktionen der POET Datenbank mit dem Java ODMG Binding in ein Programm einzubinden, muß der Compiler der Entwicklungsumgebung auf die POET Library zugreifen. Wie dies realisiert wird, hängt von der benutzten Entwicklungsumgebung ab.

Die Demonstrationsversion von Java ODMG Binding enthält eine „Readme.txt"-Datei, in der die Installation beschrieben wird.

Zur Benutzung innerhalb von Visual Café muß in der Visual Café Konfigurationsdatei sc.ini (im Visual Café\bin-Verzeichnis) der CLASSPATH zusätzlich auf die POETClasses.zip verweisen[52].

Folgend der Eintrag in der sc.ini:

```
[Version]
version=1.00 Build 4

[Environment]
PATH=%@P%\..\BIN;%@P%\..\Java\Bin;%PATH%
BIN=%@P%\..\Bin
INCLUDE=%@P%\..\INCLUDE
LIB=%@P%\..\Lib
HELP=%@P%\..\HELP
JAVAINC=%@P%\..\JAVA\SRC;%@P%\..\Components
CLASSPATH=.;%@P%\..\JAVA\LIB;%@P%\..\JAVA\LIB\SYMCLASS.ZIP;C:\Poet50
\Lib\POETClasses.zip
JAVA_HOME=%@P%\..\JAVA
```

Listing 8: Konfiguration von Visual Café

Da der Pre-Processor ptjavac.exe benutzt werden muß, um die POET Klassen zu integrieren, darf der Debugger die vorkompilierten Klassen nicht erneut kompilieren. Dazu kann im **Symantec Café** unter dem Menü Projects\Settings die Option „*Allow Project to be build*" ausgeschaltet werden.

---

[52] Gleiches gilt für das Symantec Café.

Abbildung 51 zeigt das Project Settings Fenster von Symantec Café:

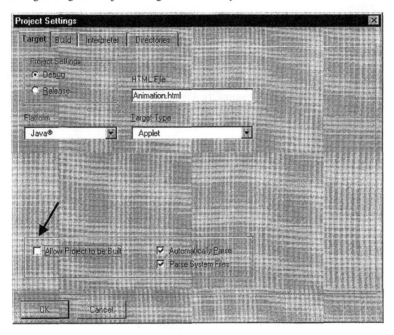

Abbildung 51: Project Settings von Symantec Café

In Visual Café ist dies noch nicht möglich.

Als Lösung kann das Visual Café zur Entwicklung und das Café zur Fehlersuche benutzt werden[53].

Es sei bemerkt, daß sich die Entwicklung mit Visual Café, die darauffolgende Kompilierung mit dem Pre-Processor und die abschließende Fehlersuche mit Café, sehr langwierig und auch aufreibend gestaltet. Für Java Anfänger kann dies auf keinen Fall empfohlen werden. Es ist zu hoffen, daß dies nur in der Betaversion der Fall ist, POET sich diesen Umständen annimmt und in Zukunft eine Integration in eine benutzerfreundliche Umgebung anbietet.

---

[53] Zur Erstellung des Prototypen wurde auch der Debugger von Visual Café benutzt. Nach Benutzung des Pre-Processors lief das Ausführen und Debuggen größtenteils fehlerfrei. Entstandene Fehler konnten nach dem Löschen aller *.class Dateien und erneutem Benutzen des Pre-Processors behoben werden. Allerdings wird die Entwicklungsumgebung bisher von POET nicht empfohlen.

5.2.5 Anforderungen IRMA

Aus der ausgewählten Software ergeben sich die Anforderungen, um mit dem Prototyp IRMA zu arbeiten:

Zur Installation des Prototyps IRMA wird folgende Software benötigt:

⇒ POET Datenbank 5.0 (POET Universal Object Server 5.0).

⇒ Eine Umgebung (Appletviewer), in der die Funktionalität des JDK 1.1 voll unterstützt wird und den Zugriff auf die POET Datenbank zuläßt. POET bietet bisher keinen Unterstützung für Browser an. Der Prototyp läuft im Appletviewer des Symantec Café 1.53 und des Visual Café 1.1 PR2 mit integrierten JDK 1.1.

IRMA wurde als im Browser lauffähiges Programm (Applet) entwickelt. Die vorliegende Version des Java ODMG Binding (0.93 Beta) läßt dies jedoch nicht zu. In der im 4. Quartal 1997 erwarteten Endversion wird eine Unterstützung für Browser angekündigt.

Zur Weiterentwicklung von IRMA wird benötigt:

⇒ POET Java ODMG Binding ab Version 0.93 Beta oder das ganze POET Java Development Kit ab Version Beta 2.

⇒ Die POET Datenbank 5.0 (POET Universal Object Server).

⇒ Microsoft Windows 95 oder NT (wird von dem POET Pre-Processor benötigt). Zusätzlich sind Versionen für Macintosh und Solaris erhältlich.

⇒ Eine Java Entwicklungsumgebung mit integriertem JDK 1.1 (z.B. Symantec Visual Café 1.1 PR2 oder Café 1.53).

Demonstrationsversionen der POET Datenbank 5.0 und des Java Software Development Kit können von der POET Homepage www.poet.com oder dem FTP-Server ftp.poet.de heruntergeladen werden.

Eine Demonstrationsversion des Symantec Visual Café 1.1 PR2 ist unter der Internet-Adresse www.symantec.com für Visual Café Lizenzbesitzer erhältlich.

5.3 Prototyp

Nachdem die Gemeinsamkeiten des Klassendiagramms von IRMA und dem Business Information Model besprochen wurden, werden in diesem Kapitel die Funktionalität, Benutzeroberfläche und Codierungsauszüge des Prototyps erläutert.

5.3.1 Prototyp - Overview

Die Funktionen von IRMA wurden in vier Bereiche eingeteilt:

1. POI Manager.

2. Class Manager.

3. User Manager.

4. Profile Manager.

Diese vier Manager sind jeweils mit Hilfe von „*Graphical User Interfaces*" (GUI) dargestellt und bieten dem Benutzer eine einfache Möglichkeit, durch gezielte Führung die jeweilige Funktionalität zu nutzen.

Das Zusammenspiel der Manager mit den Klassen wird in der folgenden Abbildung dargestellt:

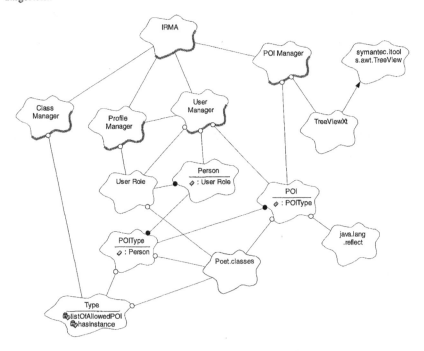

Abbildung 52: Architektur des Prototyps IRMA

Die POET Datenbank kann keine Klassenattribute ablegen. Deshalb mußte die Klasse Type eingeführt werden. Sie legt für jede Typklasse ein Objekt mit den Attributen *hasInstance* und *listOfAllowedPOI* an. Diese werden von dem Class Manager verwendet. Die Klasse wird auch benutzt, um beim Initialisieren von IRMA alle Typen zu laden.

Das Modul IRMA wird beim Starten des Prototypen angezeigt. Es bietet die Möglichkeit, einen der Manager aufzurufen.

Das Modul mit der größten Funktionalität ist der **POI Manager**. Mit seiner Hilfe können POI angelegt, gelöscht und modifiziert werden. Zusätzlich werden mit ihm die durch die Vernetzung der verschiedenen POI entstandenen Strukturen graphisch in einer Baumstruktur (Tree View) dargestellt. Visual Café stellt die Grundfunktionen eines Tree View mit der Klasse *symantec.itools.awt.TreeView* zur Verfügung. Diese bietet eine sehr beschränkte Funktionalität zur Anzeige von vorgegeben Baumstrukturen. Da in IRMA die Strukturen netzartig sind, sich dadurch Knoten wiederholen und auch zyklische Verbindungen entstehen können (z.B.: Buch hat Verfasser – Verfasser ist Mitarbeiter – Mitarbeiter hat Buch), mußte die Funktionalität des TreeView stark erweitert werden.

Um POI anzulegen und zu modifizieren, muß es möglich sein, die verschiedenen Attribute der POIType innerhalb einer einzigen GUI anzuzeigen. Dazu benutzt POI die Klasse *java.lang.reflect*. Diese wurde mit dem JDK 1.1 in Java integriert. Die Klasse bietet Methoden, um anhand eines Objektes deren Klasse und von der Klasse wiederum die Methoden und Attribute abzufragen.

Der **Profile Manager** erstellt die Profile anhand der drei verschiedenen User Roles Manager, Provider und Consumer.

Mit dem **User Manager** werden die Paßwörter der Benutzer verwaltet und den Personen User Roles zugeteilt. Dies wird dann in POI abgelegt.

Der **Class Manager** bietet die Funktionalität zur Verwaltung der *ListofAllowedPOI*. Dazu ordnet er den Typklassen in der Liste andere POIType zu. Zusätzlich kann mit ihm das *HasInstance*-Flag gesetzt werden.

Die POET Klassen werden einerseits benutzt, um die POI auf der Datenbank abzulegen und zu verwalten. Andererseits werden die von POET zur Verfügung gestellten *Collections*[54] benutzt. Diese bieten eine erweiterte Funktionalität zu den Listen.

Anschließend werden die einzelnen Module von IRMA genauer betrachtet.

5.3.2 IRMA

Bei dem Start von IRMA wird zuerst ein Paßwortdialog aufgerufen. Hier wird anhand der Anmeldung des Benutzers die vom Manager zugeteilte User Role abgefragt. Dies schlägt sich in der Funktionalität nieder, die den Benutzer zur Verfügung steht. So ist es verständlich, daß beispielsweise kein Consumer Profile generieren darf.

---

[54] Siehe dazu Kapitel 5.2.3.

Nach erfolgreicher Anmeldung erscheint das Hauptauswahlmenü von IRMA. Dieses zeigt Abbildung 53:

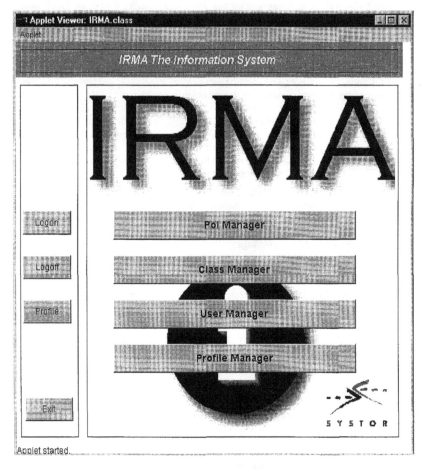

Abbildung 53: Hauptmenü des Prototyps IRMA

In der Mitte des Benutzermenüs befinden sich die vier Auswahlknöpfe zur Selektion der vier Manager.

Im linken Rahmen befinden sich die Knöpfe der Systemfunktionen.

⇒ Der **Logoff Button** meldet den gegenwärtigen Benutzer von IRMA ab. Es werden alle Buttons bis auf den Logon und den Exit Button *disabled*, d.h. sie werden deaktiviert. Dies kann an dem Erscheinungsbild der Auswahlflächen erkannt werden. Die Beschriftung wird eingedrückt und in der gleichen Farbe wie die Buttons dargestellt.

⇒ Mit dem **Logon Button** kann ein Benutzer sich erneut anmelden.

⇒ Der Button „Profile" ist nur für den Manager gedacht. Da der Manager die verschiedenen Profile entwirft, kann er sich mit Hilfe des Menüs in die Position eines Consumers oder Providers versetzen, um diese zu überprüfen. Zugleich ist es möglich, daß ein Manager z.B. keine POI anlegen kann. Um den Wechsel nach erfolgter Designarbeit zu vollziehen, ändert er sein Profil, ohne sich erneut unter einem Provider Profil anmelden zu müssen.

Die folgende Abbildung zeigt das Auswahlmenü:

Abbildung 54: Auswahl des Benutzerprofils

⇒ Mit dem Exit Button wird das System verlassen.

5.3.3 Profile Manager

Der Profile Manager ist zum Design der verschiedenen Profile realisiert worden. Die Profile halten sich an die in Kapitel 3.3.9 gegebenen Vorgaben. In IRMA können die Profile wie folgt abgebildet werden:

⇒ **Manager**: Der Manager ist der Systemverwalter und Designer von IRMA. Er kann als einziger die Profile mit dem Profile Manager erstellen. Zudem ist nur er befähigt, den Class Manager zu benutzen und zwischen den einzelnen Profilen mit dem entsprechenden Profile Button zu wechseln. Der Class Manager wird später beschrieben.

⇒ **Provider**: Der Provider ist der POI Manager. Er erstellt, modifiziert und löscht die POI. Zudem verwaltet er die Listen mit den zugeordnete POI und baut somit ein Netz auf.

⇒ **Consumer**: Der Consumer kann ausschließlich die durch den Provider in IRMA eingetragenen Informationen verwenden. Dazu benutzt er die grafischen Darstellung des Netzes mittels TreeView.

Wie können nun die Funktionen den einzelnen Profilen zugeordnet werden? Dazu bedient IRMA sich des Gedankens, daß Funktionen über Buttons aufgerufen werden. Der Profile Manager liest die Buttons von der Benutzeroberfläche und listet sie in einem Auswahlmenü auf. Der Manager braucht nur noch das zu modifizierende Profil zu wählen und diesem die Buttons zuzuordnen. IRMA geht dabei von dem optimistischen Gedanken aus: Ursprünglich ist alles erlaubt. Der Manager fügt also dem Profil die Buttons und damit Funktionen zu, welche der Inhaber dieses Profils nicht benutzen darf.

Anschließend eine Abbildung des Profil Managers:

Abbildung 55: IRMA Profile Manager

In diesem Beispiel verwaltet der Manager das Profil eines Consumers. Dem Profil sind die im Startmenü IRMA befindlichen Schaltflächen „Profile Manager", „Class Manager" und „User Manager" zugeordnet, d.h., diese Buttons sind für den Consumer disabled, und er kann die sich dahinter verbergenden Funktionen nicht nutzen.

Das folgende Listing zeigt, wie die Buttons von dem Startmenü gelesen und dem Profile Manager übergeben werden:

```
void fillComponentList()
{
  int i, j;

  // es werden alle Komponenten der GUI durchlaufen
  // Achtung: dabei werden nicht die Komponenten der Container gefunden!
  for (i=0;i<getComponentCount();i++)
  {
    Component com = getComponent(i);
    // ist die Komponente ein BorderPanel werden seine Komponenten
    // durchlaufen
    if(com.getClass().getName().equals("symantec.itools.awt.BorderPanel"))
    {
      // Die Komponente wird in ein Panel gecastet
      java.awt.Container panel = (java.awt.Container) com;
      for (j=0;j<panel.getComponentCount();j++)
      {
        Component subcom = panel.getComponent(j);
        // ist die Komponente des Panels ein Button wird sie übergeben
        if ((subcom.getClass().getName()).equals("java.awt.Button"))
        {
          Button button = (Button) subcom;

          Profile.listOfAllFunctions.add(button);
        }
      }
    }
  }
} // Ende fillComponentList()
```

Listing 9: Übergabe der Buttons an den IRMA Profile Manager

In der Methode werden alle Komponenten des Applets IRMA durchlaufen und überprüft, ob sie Panels sind. Dies ist notwendig, da mit der Methode *getComponent(int)* nur die sich direkt in dem Applet befindlichen Komponenten abgefragt werden. Die Komponenten in den Panels werden nicht angezeigt. Da sich aber alle Buttons in Panels befinden, müssen diese untersucht werden.

Ist eine Komponente als Panel identifiziert worden, kann sie in selbiges gecastet werden. Dies ist notwendig, da andere Komponenten, wie ein Button, die *getComponent(int)* Methode nicht haben.

Wird eine Schaltfläche in einem Panel gefunden, wird sie an die Profile Klasse übergeben.

5.3.4 User Manager

Der User Manager wird benutzt, um Benutzer anzulegen und zu verwalten. Dies ist eine Funktion, die ausschließlich vom Manager ausgeführt wird.

Der folgende Bildschirmausdruck zeigt die Oberfläche des User Managers:

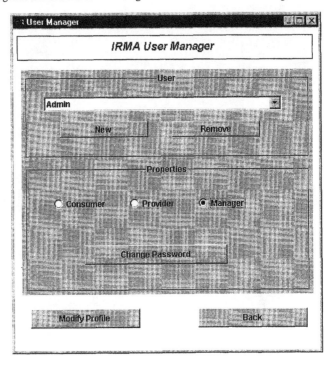

Abbildung 56: IRMA User Manager

In dem Beispiel wird gerade der Benutzer „Admin" verwaltet.

Über eine Selektionsliste wird ein existierender Benutzer ausgewählt. Zudem können gewählte Benutzer gelöscht oder neue Benutzer angelegt werden.

In dem Rahmen „Properties" wird einem selektierten Benutzer über ein Auswahlfeld ein Profil zugeordnet oder ein neues Paßwort gegeben.

Die erfolgten Änderungen werden in dem entsprechenden POI des Benutzers abgelegt.

5.3.5 Class Manager

Der Class Manager verwaltet die unterschiedlichen Typen von POI. Jeder POITyp, in IRMA durch eine selbständige Klasse repräsentiert, hat für sich gültige Restriktionen. Über die Einbindung in ein POI kann erreicht werden, daß alle POI und damit die Instanzen der einzelnen Typen gleich behandelt werden. Dies hat große Vorteile. Nur dadurch können alle Methoden von POI auf jeden gekapselten Typ und damit auf die unterschiedlichsten Informationen angewandt werden. Nur so ist es z.b. möglich, die heterogenen POITypen in einem Baum darzustellen oder die theoretische Vernetzung von jedem POITyp mit jedem beliebigen anderen zu realisieren.

Dennoch darf man nicht vergessen, daß in jedem POI Informationen zu einem POITyp stecken, welche unterschiedlich zu allen anderen Typen sind. Ein Buch darf nicht wie ein Experte, eine Instanz oder eine CD-ROM behandelt werden. IRMA muß Funktionen liefern, um der Heterogenität innerhalb der einzelnen POI Rechnung zu tragen.

Der Typ innerhalb eines POI bestimmt wiederum die POITypen, welche diesem POI zugeordnet werden dürfen. Ein Buch kann Artikel beinhalten. Ein Buch hat einen Author, kann Verbindungen zu Experten haben. Ein Buch darf aber nicht Konferenzen beinhalten. Ein Regal wiederum kann Bücher, aber keine Personen verwalten.

Um diese Restriktionen bezüglich der Verknüpfung von POI mit unterschiedlichen Typen zu verwirklichen, führt die Klasse Type für jeden POIType eine Liste mit den erlaubten Arten. Diese Liste wird mit dem Class Manager verwaltet.

Die folgende Abbildung zeigt den Class Manager:

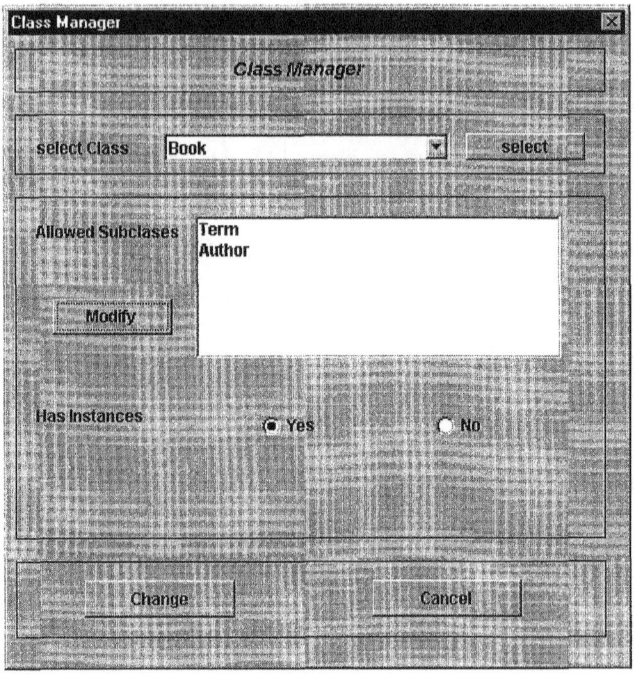

Abbildung 57: IRMA Class Manager

In der Grafik ist zu sehen, daß dem Typ Buch als erlaubte Unterklassen Term und Author zugeordnet wurde.

Zusätzlich verwaltet der Class Manager das Kennzeichen (Flag) „*HasInstance*". Dies ist ein Java *boolean*, der die Werte wahr (true) oder falsch (false) annehmen kann. Ist das Flag auf wahr gesetzt, können POI dieses Typs Exemplare erzeugen. In diesem Fall kann also ein Buch Exemplare haben, für eine Person jedoch muß das Flag auf falsch gesetzt werden.

Zu Beginn der Diplomarbeit wurde dem Class Manager als weitere Funktion das dynamische Generieren von Typen zugedacht. Dazu muß von dem Programm auf die Metainformationen der Datenbank zugegriffen werden. Nur so können in IRMA erzeugte Typen auch zur Laufzeit des Systems in der Datenbank abgebildet werden.

POET hat diese Möglichkeit für C++ und Visual Basic implementiert. Auch in dem Produktumfang von Java ODMG Binding ist dies vorgesehen. Bis zur Fertigstellung des Prototypes wurde dies jedoch von POET nicht verwirklicht. IRMA konnte so diese Funktion nicht umsetzen. Neue Typen müssen manuell programmiert und dann über den Pre-Processor eingebunden werden.

Damit die neuen Typen problemlos in IRMA integriert werden können, müssen folgende Vorschriften beachtet werden:

- Der Typ muß von der Klasse POIType erben.

- Alle Attribute[55], die später innerhalb des POI Managers von IRMA editiert werden, müssen **public**[56] sein.

- Ein **Attribut**, das ein POI enthält, trägt als Namen den Klassennamen des Typs. Eine Klasse Book, welche einen Autor als Attribut hat, definiert das Attribut folgendermaßen: „**public POI author;**".

- Ähnlich ist es für **Objektlisten**. Sie müssen hinter der Kennzeichnung „**listOf**" den Klassennamen der Objekte anfügen. Zum Beispiel eine POET *Collection SetOfObjekt*, welche eine Liste von Autoren führt: „**public SetOfObject listOfAuthor**".

- Um den Typ in IRMA zu registrieren, muß einmalig die an den Typ von POIType vererbte Methode „**createType(String ClassName)**" aufgerufen werden.

Diese Bestimmungen hängen hauptsächlich mit der Verwendung der *java.lang.reflect* Klasse zusammen, auf welche im nächsten Kapitel genauer eingegangen wird.

Abschließend noch ein Beispiel einer Klassendefinition für ein Buch. Das Buch besitzt als Attribute einen Titel, eine ISBN-Nummer, einen Term und eine Objektliste von Verfassern:

```
import COM.POET.odmg.*;
import COM.POET.odmg.collection.*;
import java.util.*;

class Book extends POIType
{
    public String title;
    public int isbn;
    public POI term;
    public SetOfObject listOfAuthor = new SetOfObject();
```

Listing 10: Beispiel für die Klassendefinition eines POI Buch

5.3.6 POI Manager

Der POI Manager bildet in IRMA die zentrale Einheit. IRMA ist ein System zur Verwaltung von Informationen. Die Informationen werden in POI abgebildet. Mit dem POI Manager werden die POI verwaltet. Neben den übliche Funktionen zum Anlegen, Löschen und Modifizieren bietet der POI Manager die Möglichkeit, POI zu vernetzen, in einem Baumdiagramm (TreeView) die Netzstrukturen abzubilden und sich durch das Netz zu bewegen.

---

[55] POET kann in der vorliegenden Version nicht alle Attributtypen in der Datenbank verwalten (z.B. Java Listen java.lang.List). Bitte die jeweiligen Beschränkungen der benutzten Version beachten!

[56] Siehe dazu Kapitel 5.3.6.

Visual Café stellt dafür eine TreeView-Klasse zur Verfügung. Diese Klasse kann statisch vorgegebene Bäume abbilden. Die Struktur wird beim Starten komplett aufgebaut. Jeder Knoten des Baumes kann nur einmal in dem Diagramm vorkommen.

Dies ist für IRMA nicht ausreichend. Die POI werden vernetzt, nicht streng hierarchisch verknüpft. Wird dies in dem Tree View abgebildet, hat es zur Folge, daß, durch die Baumstruktur des TreeView bedingt, Knoten mehrmals auftreten. Schaut man sich einen Verfasser an, sind diesem ein oder mehrere Bücher zugeordnet. Im Zweig der Container treten die gleichen Bücher wieder unter einem Lagerort auf, z.B. in einem Regal.

Die Vernetzung wirft aber noch ein weiteres Problem auf: Es ist durchaus nicht unüblich, daß zyklische Verbindungen entstehen. Ein Buch hat einen Autor, ein Autor ist Mitarbeiter und hat sich das Buch ausgeliehen. Geht man in den Zweig des Buches, kommt man über Autor $\Rightarrow$ Mitarbeiter letztendlich wieder zu dem Ausgangsknoten. In einem Baum ist dies nicht möglich. Deshalb werden in IRMA unter einem Knoten immer wieder die untergeordneten Knoten angehängt. In einem Ast können so Wiederholungen auftreten.

Dies stellt den Entwickler vor ein neues Problem: Wie erwähnt, baut ein TreeView beim Starten den kompletten Baum mit allen Zweigen und Blättern auf. Versucht man eine zyklische Verknüpfung abzubilden, wird der Aufbau des TreeView nie beendet.

In IRMA wurde zur Bewältigung dieser Problematik eine Erweiterung der TreeView-Klasse implementiert: *TreeViewXt*. Diese Klasse paßt den TreeView den Anforderungen an ein Netz an:

Sie erlaubt das mehrfache Auftreten eines Knotens in einem Baum. Das ist so nicht ganz richtig: Der Knoten wird nicht mehrfach in den Baum eingefügt, sondern jeweils ein neuer Knoten mit dem gleichen Namen erstellt. Damit ist das Problem mit den sich in verschiedenen Ästen wiederholenden POI gelöst, gleichzeitig wird aber ein neues aufgeworfen: Wird ein Knoten in dem Baum gesucht, modifiziert oder gelöscht, geschieht dies anhand der Objekt Identifikation (ID) oder des Namens. Da die Objekt ID nicht bekannt ist, muß nach dem Namen gesucht werden. Folglich wird der erste mit diesem Namen gefundene Knoten bearbeitet. Deshalb muß die Veränderung so lange wiederholt werden, bis auch der letzte Knoten mit diesem Namen abgearbeitet wurde.

Damit wurde aber noch nicht das Problem der zyklischen Verbindungen gelöst. Den endlosen Baum aufzubauen, ist nicht möglich. Wie kann also das Netz visualisiert werden?

Zur Lösung des Problems werfen wir einen genauen Blick auf den TreeView. Ähnlich z.B. der Baumstruktur im Microsoft Windows Explorer werden zwar beim Starten alle Knoten gebildet, aber nicht angezeigt. Ein Knoten mit einem Subknoten wird durch ein Pluszeichen (+) markiert. Erst wenn auf den Knoten mit der Maus geklickt wird, erweitert sich das Diagramm, und die Subknoten werden angezeigt. Dieser Methodik bedient sich nun IRMA. Es baut den Baum immer nur so weit auf, wie er für den Benutzer sichtbar ist. Aber auch hier entsteht ein weiteres Problem. Es reicht nicht, die sichtbaren Knoten aufzubauen. Ein Knoten wird mit dem Plus nur gekennzeichnet, wenn er auch wirklich Subknoten enthält. Deshalb müssen beim Aufbau nicht nur die sichtbaren Knoten, sondern für jedes POI die eventuell eine Ebene tiefer existierenden Knoten in den Baum eingefügt werden.

Dieser Algorithmus, jeden Knoten mit den Subknoten aufzubauen, wird von IRMA bei jeder Veränderung des Zustandes des Baumes angestoßen, das heißt, nicht nur bei Änderungen an den POI, sondern auch, wenn ein Knoten expandiert wird.

Folgend ein Bildschirmausdruck des POI Managers. In dem Baumdiagramm ist eine zyklische Verknüpfung dargestellt:

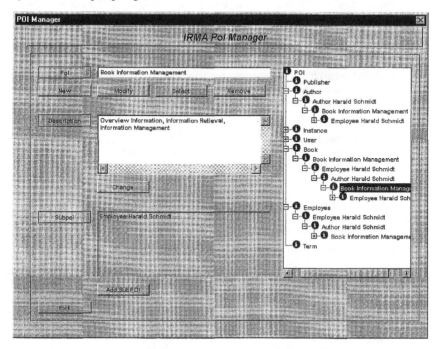

Abbildung 58: IRMA POI Manager

Das Buch Information Management wurde von Harald Schmidt geschrieben. Er ist gleichzeitig ein Mitarbeiter und hat sich das Buch ausgeliehen. Der Zweig „Book" wird nie beendet.

Mit diesem Dialog können POI erzeugt, verändert oder gelöscht werden. Zusätzlich werden die zugeteilten POI verwaltet. Der Baum ist navigierbar: Mit einem Klick der rechten Maustaste auf ein POI wird ein Dialog zum Anzeigen und Modifizieren des ausgewählten POI aufgerufen.

Wird ein neues POI angelegt oder ein Vorhandenes modifiziert, werden die Attribute des POI angezeigt und können verändert werden. Dies ist ohne weiteres realisierbar. Ruft man sich aber das Model eines POI in Erinnerung, so erkennt man, daß in dem POI eine Instanz einer unbekannten Typklasse vorhanden ist. Das POI bildet den Rahmen zur Verwaltung der Verknüpfungen und der Instanzen. Die eigentlichen Informationen werden aber in dem Typ abgelegt. Ein Buch hat seinen Titel und einen Verfasser, der Experte einen Namen, eine Adresse und seine Spezialgebiete. Erst die Verwertung der in den Attributen vorhandenen Informationen lassen IRMA zu einem Information Management System werden.

Die Methoden einer Klasse beziehen sich immer auf ihre Attribute. IRMA muß nun Methoden zur Verfügung stellen, die nicht auf das POI selbst, sondern auf das Objekt vom Typ POIType des POI bezogen sind. Ermöglicht wird dies durch die seit der Version 1.1 des JDK in Java enthaltene Klasse *java.lang.reflect*. Dazu später.

Durch die unterschiedlichen Attribute der Subtypen muß sich die Oberfläche zum Erschaffen und Modifizieren eines POI dem jeweiligen Typ anpassen. Es macht wenig Sinn, für jeden Typ eine eigenen Maske, egal ob als Applet, Window oder Frame, zu entwickeln. Technisch möglich ist dies ohne weiteres, aber wenn IRMA dem objektorientierten Gedanken der Wiederverwendung folgen will, ist dies sicherlich keine gute Lösung. Zudem soll es mit IRMA ohne weiters möglich sein, neue Typen in das Modell einzubinden.

So wurde für IRMA eine sich **dynamisch aufbauende GUI** geschaffen.

Ein Problem der sich dynamisch aufbauenden GUI ist der begrenzte Platz in einer Maske. Die Anzahl der Attribute eines Typs darf nicht von der Größe des zur Verfügung stehenden Platzes abhängen. So wird ein sich den Dimensionen seines Inhalts anpassender Container benötigt. Dies bietet der in Java enthaltene Container ScrollPane. In einem ScrollPane kann genau eine Komponente enthalten sein. Da aber jede Klasse mehrere Attribute hat, werden die Masken zur Eingabe der Attribute in ein Panel gefüllt. Dieses Panel wird danach in das ScrollPane eingesetzt. Abschließend wird das ScrollPane an die Größe des Panel angepaßt und auf dem Bildschirm ausgegeben.

Hier ein Beispiel, wie ein Buch in IRMA angelegt wird:

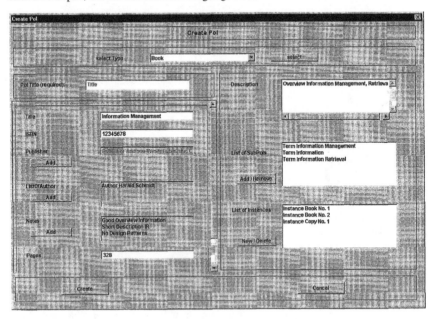

Abbildung 59: Beispiel zur Anlage eines POI Buch des Prototyps IRMA

Im linken Teil des Fensters befindet sich das ScrollPane, in welchem die Attribute des Buches angezeigt sind. Rechts sind die POI-spezifischen Felder. Hier können POI zugeteilt und Exemplare angelegt werden.

Der problematische Teil ist das Finden, Ausgeben und Ändern der Attribute in einem Type-Objekt. Um an die Attribute bzw. Methoden eines Objektes zu gelangen, wird die Klasse *java.lang.Class* benötigt. All deren Methoden beziehen sich auf die Klasse des jeweiligen Objektes. Da aber zur Laufzeit von IRMA unbekannt ist, was für eine Klasse sich hinter dem POIType verbirgt, muß das von Java für jede Klasse intern angelegte Klassenobjekt (class object) benutzt werden. Das Klassenobjekt des jeweiligen POIType kann mit der getClass() Methode von *java.lang.Class* erfaßt werden.

Hat man das Klassenobjekt erhalten, können mit vier verschiedenen Methoden aus *java.lang.Class* die Attribute der Klasse in Erfahrung gebracht werden. Die Methoden geben ein „*java.lang.reflect.field*" zurück, welches das jeweilige Attribut repräsentiert. Dies wird in der folgenden Tabelle dargestellt:

Methode	Funktion
public Field getField(String name) throws NoSuchFieldException, SecurityException	Gibt das java.lang.reflect.field eines Attributes mit dem Namen des in dem String angegebenen Textes zurück. Gefunden werden nur als *public* deklarierte Felder dieser Klasse und der Klasse, von welcher geerbt wird.
public Field[] getFields() throws SecurityException	Gibt ein Field Array mit allen Attributen zurück. Auch hier werden nur die als *public* deklarierten Attribute berücksichtigt.
public Field getDeclaredField(String name) throws NoSuchFieldException, SecurityException	Wie oben, nur daß hier auch die nicht *public* Attribute, d.h. alle durch diese Klasse definierten Attribute gefunden werden. Allerdings werden geerbte Attribute nicht berücksichtigt.
public Field[] getDeclaredFields() throws SecurityException	Gibt ein Array mit allen Attributen dieser Klasse (ohne geerbte) zurück.

Tabelle 18: Java Reflection Class

IRMA verwendet die *getFields()* Methode, mit welcher alle als *public* deklarierten Attribute in Erfahrung gebracht und in dem ScrollPane ausgegeben werden. Dies hat den Vorteil, daß die anderen Attribute nicht angezeigt werden. So fügt der Programmierer Attribute ein, welche nur für den internen Gebrauch benutzt werden und für den Benutzer nicht von

Interesse sind. Bei Verwendung der *getDeclaredField()* Methode müßte dies über einen internen, von der Typklasse abhängigen Algorithmus abgefangen werden.[57]

Die Attribute, die angezeigt werden sollen, befinden sich nun in einem *Field Array*. Darin können in unvorhersehbarer Reihenfolge z.B. Text (String), Zahlen (int, float, etc.), Textlisten (java.lang.List) oder Objektlisten (COM.POET.odmg.Collection.*) enthalten sein. Diese benötigen zur Ein- und Ausgabe am Bildschirm unterschiedliche Masken. IRMA baut dazu ein *Component Array* auf. Danach wird der *Field Array* durchlaufen, der Typ des Attributes abgefragt und die entsprechende Maske in den Component Array eingefügt.

In einem POIType können wiederum POI enthalten sein. So ist in einem Buch eines der Attribute ein Verfasser. Der Verfasser ist keine Instanz eines POIType sondern ein weiteres POI. Um dieses Feld mit einem adäquaten Objekt zu füllen, muß der Typ des enthaltenden POI bekannt sein. Nur so wird garantiert, daß in ein Attribut „Verfasser" auch das entsprechende POI und nicht etwa ein Artikel eingefügt wird. IRMA benutzt dazu Namenskonventionen. Bei der Definition des Attributes muß es den Namen des POIType erhalten, welcher in dem eingefügten POI enthalten sein soll[58]. Das Gleiche gilt für Objektlisten. Auch bei ihnen wird über den Namen bestimmt, welcher Typ eingefügt werden darf. Dazu folgendes Beispiel:

```
class Book extends Type
{
    static boolean hasInstance = true;
    public String title;
    public int isbn;
    public POI term;
    public SetOfObject listOfAuthor = new SetOfObject();
```

Listing 11: Beispiel zur Deklaration von Objektlisten

Das Buch des Beispiels enthält ein POI des Typs „Term" und eine Objektlisten mit POI des Typs „Author".

Wie werden aber nun Objektattribute und Listen gefüllt? Text und Zahlen können einfach in Textfelder eingegeben werden. Objekte müssen ausgewählt werden. Dazu fügt IRMA bei jedem Platzhalter für Objekte oder Listen einen Button in das ScrollPane ein. Die Buttons werden in einem *Button Arrary* mit gleicher Länge wie der *Component Array* geführt, damit bei Auslösen des entsprechenden Buttons auch das jeweilige Auswahlmenü des Feldes angezeigt werden kann.

---

[57] Bei Benutzung der Pre-Processors von POET bindet dieser in alle persistenten Klassen POET spezifische Felder ein, welche mit „_pt" oder „_PT" beginnen . Diese sind als **public** deklariert und müssen abgefangen werden. Würde man die getDeclaredField() Methode benutzen, müßte dies zusätzlich auch für POIType Fields getan werden.

[58] Über den Namen wird wiederum das Klassenobjekt erfaßt und bestimmt. Dazu bietet java.lang.Class die forName() Methode. Damit sie das Objekt findet, muß genau der Name der Klasse angegeben werden. Deshalb wird in IRMA der erste Buchstabe des kleingeschriebenen Attributs in Großschrift umgewandelt (book ⇒ Book).

Hier ein Listing, welches Auszugsweise dieses Verfahren zeigt:

```
// Deklarationen
java.lang.reflect.Field[] fields;
Class selectedClass;
Int pos = 10;
try
{
    // Beschaffen des Klassenobjekts der Klasse Book
    selectedClass = java.lang.Class.forName("Book");
}
catch (java.lang.ClassNotFoundException e)
{ }
// Füllen des Field Arrays mit den Attributen von Book
fields = selectedClass.getFields();

// Durchlaufen des Arrays
for (int i = 0;i<fields.length;i++)
{
    // Überprüfung des Types des Attributes
    if(fields[i].getType().getName().equals("java.lang.String"))
    {
        // Aufruf der Methode zur Anzeige eines TextFields
        createTextField(pos, i, Panel);
    }
    if(fields[i].getType().getName().equals
                      ("COM.POET.odmg.collection.SetOfObject"))
    {
        // Anzeigen einer Liste
        createList(pos, i, poiPanel);
        // Erstellen eines Button, über den die Liste gefüllt
        // werden kann
        createButton(pos, i, poiPanel);
    }
    // . . .
}
```

Listing 12: Beispiel zum Aufbau einer dynamischen GUI

Damit werden die Masken abgebildet, die aber noch nicht mit den Werten der Attribute gefüllt sind. Dazu werden die *java.lang.reflect.filed.get()* Methoden benutzt. Es werden Methoden für primitive Datentypen (getInt(), getChar(), getLong(), etc.) und für Objekte (get()) zur Verfügung gestellt.

Hier ein Beispiel, wie ein *int* erhalten werden kann:

```
// Die Methode bekommt das Objekt und das abzufragende Feld
// übergeben
void showIntValue(Object obj, java.lang.reflect.Field field)
{
   if (obj != null)
   {

      TextField text = new TextField;
      // Alle java.lang.reflect.get* Methoden werfen Exceptions!
      try
      {
         // Holen des Integer des Objektes
         int fieldInt = field.getInt(obj);
         // Umwandeln des int in Text
         String intText = Integer.toString(fieldInt);
         // Ausgabe des Wertes
         text.setText(intText);
      }
      catch (java.lang.IllegalAccessException e)
      { System.out.println("IllegalAccessException!"); }
   }
}
```

Listing 13: Beispiel zum Abfragen eines Feldes mittels des Java Reflection Mechanismus

Die Werte in den Objekten können mit den set() Methoden von java.lang.reflect gesetzt werden. Auch hierzu ein Beispiel, wie ein Text gesetzt werden kann:

```
try
{
   field.set(obj, "New Text");
}
catch (java.lang.IllegalAccessException e)
{ System.out.println("String can't be set!!"); }
```

Listing 14: Beispiel zum Setzen eines Feldes mittels des Java Reflection Mechanismus

Die **java.lang.reflect** bietet zusammenfassend die Methoden um Arrays, Konstruktoren, Attribute (Fields), Methoden und Deklarationen (Modifier) einer Klasse zu verändern bzw. aufzurufen.

5.4 Zusammenfassung

Der Prototyp IRMA orientiert sich an dem Business Information Model und bietet eine Grundfunktionalität zur Verwaltung von Pieces of Information.

Es wurde die Klasse *Composite Information* durch POIType ersetzt, da die Trennung von POI und POIType aus implementationsspezifischen Gründen notwendig ist und die POIType Klasse nicht die Funktionalität der *Composite Information* erfüllt.

IRMA unterteilt sich in:

* Profile Manager - Erstellen der Benutzerprofile „Manager", „Provider" und „Consumer".

* User Manager - Verwaltung Benutzer, mit Zuteilung der Profile.

* Class Manager - Design der Klassen.

* POI Manager - Management der POI.

In IRMA können neue Informationsklassen problemlos eingebunden werden.

Zur Entwicklung wurde die Programmiersprache Java und die Entwicklungsumgebung Symantec Visual Café benutzt. Die verwendete Datenbank ist von POET. Zur Anbindung an Java wird das POET Java ODMG Binding benötigt.

Die POET Datenbank und das POET Java SDK verwenden den ODMG 2.0 Standard. Dieser wird von namhaften Softwareherstellern (u.a. Sun, Microsoft) unterstützt und garantiert eine Kompatibilität zu deren Produkten. Durch die zusätzlich integrierbare POET Produktpalette mit zukunftsweisenden Funktionen kann das POET Softwarepaket empfohlen werden.

Java ist die Programmiersprache für das Internet/Intranet. Inwieweit sie sich für die Entwicklung von mächtigen Applikationen wie der eines Finanzsystems eignet, wird die Zukunft zeigen. Sie ist noch relativ neu und wird ständig erweitert. Dies läßt sich auch an den Entwicklungsumgebungen erkennen. Die Symantec Software (noch Betaversion) bietet einen großen Funktionsumfang, ist allerdings noch mit Fehlern behaftet.

Die gesamte benutzte Software ist noch in der Beta Phase. Demonstrationsversionen sind im Internet erhältlich.

Am 24. Juli 97 wurde die Version „Beta zwei" des POET Java SDK mit dem Java ODMG Binding 0.93 veröffentlicht. Diese wurde zur Entwicklung der Diplomarbeit verwendet. Sie enthält noch nicht die von POET angekündigte Browser-Unterstützung. Die Dokumentation des SDK ist seit dem 28. August 97 verfügbar. Sie beschreibt einige neue, vorher nicht dokumentierte Features in der „Beta zwei"-Version. Hervorzuheben ist die mächtige Object Query Language (OQL), mit welcher das Finden von Objekten anhand von beliebig verknüpfbaren Schlüsseln (Keys) ermöglicht wird. Leider war es nicht mehr möglich, diese Funktion vor Ende der Diplomarbeit in den Prototyp einzubinden.

6 FAZIT

Zum Abschluß des Dokumentes wollen wir die getane Arbeit Revue passieren lassen. Dazu wird im folgenden der Ablauf nachvollzogen, die Ergebnisse zusammengefaßt und Visionen für die Zukunft ausgesprochen.

6.1 Verlauf der Diplomarbeit

Zu Beginn bildeten zwei Schlagworte das Fundament der Arbeit: „Information Management" und „Intranet". Die Kombination aus beidem schien neue Möglichkeiten und Perspektiven hinsichtlich zeitgemäßer Verwaltung von Informationen zu eröffnen. Das Interesse des betreuenden Unternehmens kam nicht von ungefähr: Schon seit einiger Zeit beschäftigte sich die Research-Abteilung mit diesem Thema. Vor allem das Handling einer Vielzahl von heterogenen Informationstypen bereitete Schwierigkeiten und Modellierungsversuche mittels bestehender Werkzeuge und Methoden stießen deshalb immer wieder an ihre Grenzen. Das Ergebnis des Engagements war eine Datenbank auf Basis von Lotus Notes, eine zu diesem Zeitpunkt noch proprietäre Groupware. Diese Datenbank erfüllte bestimmte Anforderungen aufgrund der von Notes bereitgestellten Funktionalität bereits zur Zufriedenheit. Andere Aspekte wiederum unterlagen den Beschränkungen einer hierarchischen Struktur und der gewünschten Öffnung zum Internet[59].

Das abgebildete Konzept, seine Vor- und seine Nachteile sowie die Erfahrung der Mitarbeiter im Umgang mit der Datenbank bildeten die Ausgangsbasis und die Inspiration für das weitere Vorgehen. Eine breit angelegte Literaturrecherche legte den Grundstein für die theoretische Forschungsarbeit. Sie deckte drei große und verschiedenartige Bereiche ab:

1. Die begrifflichen und **theoretischen Grundlagen** von Information Management gingen zu einem großen Teil aus wissenschaftlichen Monographien hervor. Diese Veröffentlichungen zeigen nur wenig oder gar keinen Bezug zu unternehmensspezifischen Bedürfnissen. Vielmehr dienten sie der Förderung von Hintergrundwissen und einer einheitlichen Terminologie innerhalb der Arbeit. Sie fundierten das weitere Vorgehen wissenschaftlich. Dennoch erstaunte das vorgefundene Begriffswirrwarr, wie es bereits in Kapitel 2 dargelegt wurde.

2. Den Bezug zu der **betrieblichen Realität** lieferte die Datenbank der GartnerGroup. Die hochaktuellen Dokumente boten unersetzbare Quellen aus der Sicht der Unternehmen. Die GartnerGroup zeigte die neuesten Trends und Probleme auf und bewertete bestehende Lösungsansätze bezüglich des Information Management. Die Artikel abstrahierten dabei weitgehend von technischen Details und berücksichtigten statt dessen die übergeordnete Technologie.

3. Um den zu Beginn der Diplomarbeit eingeplanten Prototyp zu realisieren, bestand ein Bedarf an **produktbezogener, technischer Literatur**. Sie diente hauptsächlich zur Abwägung der Alternativen hinsichtlich der Realisierung. Diese Literatur fand sich zu einem großen Teil in Zeitschriftenartikeln, auf den Homepages der Anbieter im WWW, und, nachdem die Entscheidung für eine Alternative gefallen war, auch in Monographien zu Java.

---

[59] Siehe Anhang B zur Evaluation der ARS-News DB.

Nachdem die Voraussetzungen an Quellen erfüllt waren, erfolgte die Konzeption eines Modells zur Abbildung von Informationen. Dieses erste Modell stand stark unter dem Einfluß von produktbezogener Sicht, technischen Perspektiven, Erfahrungen im Umgang mit der ARS-News DB und konzeptionellen Ideen, was eine explosive Mischung darstellte. Eine Trennung dieser Aspekte war aufgrund der kontroversen Diskussionen nur eine Frage der Zeit. Demzufolge wurden die betrieblichen Anforderungen und Sichtweisen in einem Modell untergebracht, das von der technischen Seite abstrahiert - es erfüllte den Wunsch nach einer Business-View. Das Information Framework ergab sich als logische Konsequenz aus den Anforderungen an einen Prototyp, und dieser wiederum integriert die produktbezogenen Gesichtspunkte.

Aus dieser gedanklichen Dreiteilung heraus wurde das Abstract der Diplomarbeit erstellt, welches fortan als „mission statement"[60] den Weg wies. Der nächste Schritt bestand in der Abgrenzung und Definition der für eine Office-Umgebung relevanten Informationstypen. Ein treffender Begriff für die Gesamtheit der heterogenen Quellen wurde gesucht: So wurde das „Piece of Information" geboren. Sein Kürzel „POI" zählte fortan bei allen Meetings zu den meist Erwähnten und wurde zum Inbegriff für Information.

Das Business Information Model wurde über mehrere Iterationen verbessert und stellte das Herzstück der konzeptionellen Entwicklung dar. Das Finden von Analogien zu FSOM war ein entscheidender Impuls, der dem Modell Struktur und Richtung gab - jedoch ohne zu Kopieren: Das Modell von IBM hat eine im Vergleich dazu fundamental verschiedene Ausrichtung.

Die Umsetzung des Business Models war das Ziel des Prototyps. Der Tradition der Meteorologen folgend, die sämtliche Wirbelstürme mit weiblichen Vornamen benennen, fiel die Wahl der Bezeichnung auf IRMA. Der anfänglich ausgelöste Wirbel war jedoch problematischer Natur. Nachdem die Wahl der Werkzeuge auf die POET Datenbank und Java zur Programmierung der Clients gefallen war, ergaben sich erste Anbindungsschwierigkeiten. Man war bewußt das Risiko eingegangen, zugunsten aktueller Technologie auf ausgereifte Software zu verzichten. Allerdings waren bestimmte Features[61] von POET nicht einmal als Betaversion erhältlich, so daß auf die praktische Erfahrung mit SGML verzichtet werden mußte.

Die implementierten Features von POET wiederum ließen keinen Zugriff auf die Metaebene von Seiten Javas zu. Damit verschwand die dynamische Typgenerierung aus dem Prototyp wie sie bereits FISH erfolgreich demonstriert hatte. Um auf der Client-Seite die Metaebene bearbeiten zu können, war ein Entwicklungswerkzeug auf Basis von JDK 1.1 notwendig. Zum Zeitpunkt der Prototyperstellung waren auch diese Applikationen noch nicht ausgereift. Diese Konstellation führte unglücklicherweise zu Reibungsverlusten und schränkte IRMA funktional ein, nicht zuletzt auf Grund der verlorenen Zeit durch Suche nach unverschuldeten Programmfehlern. Das Konzept des Prototyps jedoch blieb davon unbeeinflußt, wie sich an dem zukünftigen Potential in Kapitel 6.3 erkennen läßt.

[60] Ein „mission statement" ist ein Dokument, das die Ziele und Absichten einer Organisation formuliert: „The definitive scope of the overall business and its objectives in a concise narrative format." [WHA97]

[61] Beispielsweise POET Wildflower, das für einen Zeitpunkt Mitte der Diplomarbeit angekündigt war.

6.2 Gewonnene Erkenntnisse

Am Anfang der Diplomarbeit bestand von studentischer Seite die Absicht, etwas Neues, vollkommen Revolutionäres zu entwickeln. Nachdem die ersten Gedanken formuliert und zu Papier gebracht waren, begegneten wir durch die Literaturrecherche eben jenen Ideen, die bereits vor uns andere Verfasser erdacht hatten. Die Vorstellung, nur noch ein weiteres Informationssystem zu erstellen, war unangenehm. Die weitere Auseinandersetzung mit der Thematik lieferte jedoch die Erkenntnis, daß der Bereich Information Management zwar theoretisch erschlossen war, die Konzepte aber wie Inseln getrennt. Beispielsweise waren Semantische Netzwerke zwar ausführlich beschrieben, der Einsatz zur Modellierung von Relevanz jedoch konnte durch unsere Nachforschungen nicht ausfindig gemacht werden.

Der Anspruch an die Diplomarbeit änderte sich: Heutzutage gibt es in der Informatik nicht viele Gebiete, in denen revolutionäre Grundlagen erarbeitet werden können. Die meisten Konzepte bestehen bereits und sind bereits thematisch tiefer und breiter als eine Diplomarbeit. Das eigentlich neue besteht in der **Integration** der vorhandenen Inseln zu einem Ganzen. Genau diesen Weg ging die Arbeit: Die Erstellung einer durchgängigen Lösung zur Verwaltung von Information aus dem Mosaik von unzähligen Ansätzen, Ideen, Konzepten und Technologien. Durch das Business Information Model ist dies für den Office-Bereich gelungen: abstrakt genug, um universell anwendbar zu sein, konkret genug, um eine Realisierung mit spezifischen Impulsen und Lösungen zu unterstützen. Das Framework ebnet den Weg zu Designentscheidungen, und der Prototyp zeigt beispielhaft das Potential des Modells und rundet die Arbeit ab. In kleinem Rahmen ein bißchen „revolutionär".

Aus technischer Sicht ergaben sich ebenfalls eine Reihe von Erkenntnissen. Zum einen existieren ähnlich wie in der Theorie annähernd alle Voraussetzungen zur Umsetzung eines universellen Informationssystems. Allerdings befinden sich viele der Technologien noch im Entwicklungsstadium und sind nur mühsam zu einer Zusammenarbeit zu bewegen: Während Smalltalk eine typenlose Sprache ist, muß in Java aufwendig gecastet werden. Casting wiederum führt zu komplexen Programmen, die durch (für eine Datenbankanbindung notwendige) Transaktionen an Flexibilität einbüßen. Dadurch geht ein Vorteil des Einsatzes objektorientierter Technologie verloren. Diese Aufzählung ließe sich beliebig fortsetzen und führt zur berechtigten Frage, ob eine kommerzielle und proprietäre Lösung wie Lotus Notes keine bessere Alternative darstellt. Die versprochene universelle Portierbarkeit von Internet-Technologie besteht oftmals nur auf dem Papier[62].

An dieser Stelle eine eindeutige Empfehlung auszusprechen, ist weder einfach noch zuverlässig. Sowohl die etablierten Anbieter als auch unabhängige Entwicklungen im Intranet arbeiten mit Hochdruck an Schnittstellen zu anderen Technologien. Mit traditionellen Anwendungen bekommt man derzeit eine enorme Funktionalität geboten, die kurzfristig höhere Investitionen erfordert als eine selbst zusammengestellte Lösung im Intranet. Allerdings ist ein eigenkonzipiertes Modell oft wartungs- und damit kostenintensiver und kann zu einem Status führen, der den Begriff „Intranot" [RIZ97, 55] geprägt hat: die manuelle Entfernung von „Unkraut aus dem Dickicht der Web-Seiten" [WEB96, 330], inkonsistente Replikate und Server, die unter ihrer Last zusammenbrechen.

---

[62] Vgl. [WEB96, 330].

Das gestellte Ziel der Integration einzelner, parallel existierender Technologien und Konzepte wurde prinzipiell erreicht. Das Informationsmodell bildet die Ausgangsbasis zur Erzeugung komplexer Strukturen und folgt dem Prinzip des Knowledge Managements. Nebenbei beinhaltet es Gedanken zu Bereichen der Relevanz, der Wiederverwendung, der Erweiterbarkeit und zu Information-Pushing, um nur einige zu nennen. Diese Zusammenstellung von den unterschiedlichen Disziplinen ist neu und hat Zukunft.

Neben den rein modelltheoretischen Überlegungen zur Verbindung von Lösungsansätzen stand auch ihre praktische Umsetzung als Ziel fest. Es wurde in sofern erreicht, als daß das Framework einen Ausgangsrahmen für eine Vielzahl von Variationen darstellt. Es ist konzeptionell nicht an das Business Information Model gebunden, obwohl der Rahmen zur Veranschaulichung selbstverständlich mit daraus abgeleitetem Inhalt gefüllt wurde.

Der Prototyp selbst war die Reifeprüfung beider Konzepte. Aus der Distanz betrachtet, wurde sie bestanden: Trotz der Probleme im Detail, kleinen Inkonsistenzen und Kompromissen bei der Realisierung verdeutlicht er eindrucksvoll das Potential des Konzeptes. Die bei der Umsetzung aufgetauchten Probleme beeinflußten das Modell und umgekehrt, und auch dieser Vorgang war dem Verständnis eher zu- als abträglich. Dennoch führte dieser Sachverhalt vor Augen, wie komplexe Gedanken und Modelle scheinbar unmöglich bis zur letzten Konsequenz durchdacht werden können. Diese Erkenntnis war ernüchternd und widerlegte die Theorie von einer möglichen fehlerfreien und rein theoretischen Entwicklung, wie sie durch die Hochschule oft vertreten wird.

Vielmehr sind bestimmte Auswirkungen erst durch eine Realisierung absehbar und nachzuvollziehen. Dies entspricht eher einem iterativen Prozeß als einem unstrukturierten ad-hoc-Vorgehen. Ab einem gewissen Projektumfang liefert diese Handlungsweise mehr Einsichten als die pure Theorie.

Abschließend läßt sich sagen, daß der Ausgang der Diplomarbeit und die Funktionalität des Prototyps unsere anfänglichen Erwartungen übertroffen haben. Sie war ein wichtiger Schritt zur Erlangung von Projekterfahrung, von Sachkompetenz auf einem spezifischen Gebiet und von persönlicher Weiterentwicklung.

6.3 Ausblick

Die gewonnenen Erkenntnisse geben uns die Möglichkeit, einige Aussagen über die zukünftige Entwicklung zu treffen. Zum einen steckt in dem Prototyp mehr Potential, als in der gegenwärtigen Version realisierbar war. Die folgenden Punkte stellen mögliche Erweiterungsaspekte dar:

- Erweiterung des Class Managers um dynamische Klassenerstellung von POIType. Dazu ist der Zugriff auf die Metaebene der POET DB notwendig, welcher für Java noch verwirklicht werden soll - über C++ ist dies schon möglich. Dazu ist eine GUI denkbar, in welcher man Attributnamen vergeben und sich die Definition (Integer, Text, Object, Collection) zusammenstellen kann.

- Erweiterung des TreeView: Abspeicherung der letzten Sicht eines Benutzers oder wechseln des Root Knotens (also des Ausgangspunktes) zur besseren Übersicht. Dies zum einen automatisch (z.B. bei 15 angezeigten Knoten pro Ast wird der Knoten nach dem Ausgangsknoten zum Anker) oder manuell, so daß der Benutzer den Einstiegsknoten selbst bestimmt.

- Benutzung der OQL-Abfragen, und zwar dynamisch: Der Benutzer stellt sich aus den Typen die Attribute zusammen (unter Verwendung des Java Reflection Mechanismus) und trägt die gesuchten Werte ein, z.B.: Welches Buch hat einen Verfasser, der gleichzeitig ein Experte für Java ist? (*Book*-Attribut: *Author*, dessen Name mit Wert „X") & (*Expert*-Attribut: Name mit Wert „X" & Attribut Spezialgebiet: „Java"). Dieses Konzept stellt eine komfortable Information Query Language dar.

- Einbindung der Rating-Funktionalität entsprechend dem Business Information Model.

- Benutzerverwaltung mit verschlüsselt abgespeicherten Kennwörtern. Allgemeine Erweiterung des Bereichs Security.

- Benutzerprofil verfeinern: Begriffe den Benutzern zuordnen und automatische Benachrichtigung bei Änderungen der referenzierten POI (beispielsweise durch ein Travelling Object), eigene Profile und eigene Ratings erstellen, Ablage der letzten benutzten POI, Einsatz von Intelligenten Agenten (z.B. bei häufiger Verwendung von Begriffen werden diese automatisch höher gewichtet, er wird zum Experten oder Ansprechpartner für diese Terms).

- Erweiterung des Profile Managers um die Anlage weiterer Profile sowie eine verbesserte Funktionsverwaltung: Verwendung aller Buttons im Prototyp, nicht nur die des Hauptmenüs.

- Workflow Funktionen (ebenfalls mittels Intelligent Agents denkbar).

- Aufbau eines IRMA Servers nach dem Client/Server Prinzip und die damit verbundene Nutzungsmöglichkeit für mehrere Anwender gleichzeitig.

- Anbindung des Prototyps an das Internet/Intranet, z.B. als Web-Information-Server, und auf Client-Seite die Darstellung durch einen Browser, evtl. mittels POET Impulse.

- Flexible Dokumentenübernahme durch den Prototyp, beispielsweise mittels POET Wildflower.

- Anbindung und andere Informationsdatenbanken, z.B. mittels POET Confiserie.

Neben den Erweiterungsmöglichkeiten des Prototyps lassen sich auch allgemeine Trends beschreiben. Zum einen wurde bereits eine Entwicklung in Richtung wissensbasierter Unternehmen festgestellt. Beispielsweise bietet Fulcrum seine Produkte zu Retrieval, Repositories und Servern unter der Bezeichnung „Knowledge Network" [FUL97] an. Dies kennzeichnet den Übergang zu übergreifenden Lösungen bezüglich Knowledge Management. Nicht zuletzt für eine Consulting-Gesellschaft wie die SYSTOR AG ist Wissen bares Kapital, das es möglichst effizient zu verwalten gilt. Schließlich ist Beratung und somit die Vermittlung von Wissen die Hauptaufgabe, die es zu forcieren gilt.

Weitere Ansätze bestehen in der intelligenten Profilgenerierung: Dabei wird dem Benutzer aufgrund seines Verhaltens im System und ohne explizites Zutun seinerseits ein Profil erstellt. Dies orientiert sich an seinen Vorlieben und Abneigungen und ist somit individuell auf ihn zugeschnitten. Der nächste Schritt ist die Adaption eines ganzen Systems an den Anwender - eine Idee die noch auf ihre Umsetzung wartet.

Die Vision einer in naher Zukunft erreichbaren Ideallösung beinhaltet sowohl einfachen, ortsunabhängigen Zugang zu Wissen für jegliche Benutzer, Erschließung aller brachliegenden Informationsquellen eines Unternehmens, transparente Anbindung externer Quellen und intelligente Systeme, die sich individuell an die Kompetenz jedes Anwenders anpassen. Vieles davon ist bereits in Bewegung, beispielsweise die Ortsunabhängigkeit: „Even as the intranet emerges as different from the Internet, another buzzword is catching favor. The extranet, defined as an outward-bound extension to a company's intranet […]." [CHU97, 44] Falls die Entwicklung dieses Konzeptes ebenso rasch fortschreitet wie die der zwei vorhergehenden, so sind wir nicht allzu weit von der Vision entfernt.

Bei dieser ganzen Euphorie für das vollständige Erschließen von Wissen in einem Unternehmen drängt sich jedoch auch die Frage auf, wie es um Urheberrecht oder die Nutzung personenbezogener Daten bestellt ist. Falls wirklich elektronische Briefkästen und Diskussionsforen erfaßt und kategorisiert werden, so setzt dies Maßnahmen zum Schutz der Privatsphäre voraus. Schon heute überschwemmt elektronische Werbepost die Netze, die sich beunruhigend genau an den kürzlich individuell besuchten Seiten im WWW orientiert. Inwieweit dies unter das Management von Information und Wissen fällt, sei dahingestellt, es weist jedoch auf die Schattenseiten allzu frei verfügbarer Information hin.

> The reasonable man adapts himself to the world:
> the unreasonable one persists in trying to adapt
> the world to himself. Therefore all progress depends
> on the unreasonable man.
>
> *George Bernhard Shaw*

ANHANG A: POI DES RELEVANTEN BUSINESS CONTEXT

Die folgende Aufstellung gibt einen groben Überblick der relevanten Informationstypen und ihrer Abgrenzung. Sie erhebt keinen Anspruch auf Vollständigkeit sondern macht den angesprochenen Business Context klar.

Name des POI	Beschreibung
Notiz	POI mit eingeschränkter Lebensdauer.
Addendum	Begleitende Unterlagen/Dokumentation zu einem Kurs/einer Präsentation.
Wissenschaftliche Hochschularbeit	Arbeit, die nach wissenschaftlichen Gesichtspunkten an einer Hochschule verfaßt worden ist (Zitierweise, Literatur). Intern oder extern verfaßtes Dokument mit akademischen Inhalt.
Messe	Zusammenkunft von Vertretern der Wirtschaft zur Ausstellung und Verkaufsförderung ihrer Produkte.
Konferenz	Meeting zur Präsentation von Theorien, Ideen zu einem bestimmten Themenkreis von einem bestimmten Veranstalter (oder einer Gruppe).
Workshop	Praxisorientierte Veranstaltung eines bestimmter Veranstalters (oder einer Gruppe).
Kurs	Veranstaltung, die Wissen/Information zu einem bestimmten Thema vermitteln soll.
Präsentation	Demonstration/Vorstellung von einem bestimmten Thema erarbeiteten oder gewonnenen Erkenntnissen.
Produkt	Ein Software- oder Hardwareprodukt von Interesse.
Lizenz	Eine konkrete Lizenz eines bereits erfaßten Produktes.
Beschreibung	Nicht-wissenschaftliches Dokument, das weder Manual noch Buch ist und nur in Verbindung zu einem anderen POI existieren kann (z.B. Produkt).
Kontakt	Eine Anlaufstelle, bei der Informationen beschafft werden können.
Experte	Ein(e) Fachmann/-frau auf einem bestimmten Gebiet/Produkt (zu dem/der ein Kontakt besteht).
Veranstalter	Ein Organisator von Kursen oder Konferenzen.
Verlag	Ein Verlag für eine beliebige Art von Produkten.
Hängeregister	Sammlung von POI zu einem bestimmten Thema in einem Register.
Ordner	Sammlung von POI zu einem bestimmten Thema in einem Ordner.
CD-ROM	Container für andere POI. Diese POI können z.B. sein: Buch, Artikel, Zeitschrift, Video, Datei.

ANHANG B: EVALUATION DER ARS-NEWS DATENBANK

Die abgebildeten Tabellen fassen die gefundenen Vor- und Nachteile der von der Research-Abteilung erstellten Informationsdatenbank zusammen. Diese Datenbank wurde auf Basis der von Lotus Notes zu Verfügung gestellten Funktionalität konzipiert und enthält in großem Volumen aktuelles und archiviertes Wissen, zum Austausch und Transfer unter den Mitarbeitern. Sie existierte bereits zu Beginn der Diplomarbeit und hat bereits einige der Gedanken zur Verbesserung umgesetzt.

Vorteile
Bereits viel Arbeit in bestehende Lösung investiert.
Hohe Verbreitung von Notes in der SYSTOR AG.
Teilweise schon perfekte Vorgaben für Attributlisten.
Bietet nicht nur **Metainformationen**, sondern teilweise auch gleich das Originaldokument in elektronisch lesbarer Form als Attachements.
Replikation einzigartig und unerreicht unter Notes ⇒ mobile Computing!
Erstellung von individuellen Abonnements möglich.
Monetärer Wert der bisher erfaßten Daten hoch (investierte Zeit und Arbeit).
Native Information Retrieval von Lotus Notes kann genutzt werden.

Nachteile
Rubriken wie „Lizenzen für Arthur" sind für alle Außenstehenden überflüssig & verwirrend.
Eine unvollständig gefüllte und schlecht gewartete Datenbank verbreitet eher Negativ- als Positivimage.
Begriffe zu wenig erklärend: „Neuigkeiten" beinhaltet **alle** Eintragungen seit jeher, nicht im Sinne von „What's New".
Was hat die ganze Buchliste sowohl in „Neuigkeiten", „Mediathek" als auch in „Bibliothek" zu suchen? Als unbedarfter Benutzer habe ich das Gefühl, es handele sich um unterschiedliche Dinge, und suche alles zur Sicherheit dreifach durch.
Kein konsistentes Design: Manchmal werden Namen, Themen oder Begriffe mittels Auswahllisten erfaßt, mal mit Kürzeln, mal komplett eingegeben.
Keine Hyperlinks, z.B. von Büchern zu Instanzen oder von Notizen zum Verfasser.
Glossar: Typische Definitionen – „Begriff, Stichwort: Begriff, Kürzel: Begriff, Text: einzelner Begriff" ....???? Der Benutzer fühlt sich verschaukelt. Entweder allgemeine Definitionen weglassen oder nach Duden o.ä. erklären. Das Glossar wäre **die** Anwendung für einen Browser / Hyperlinks!
Referenzen: Wartungsintensiv und redundanzanfällig – eine View wurde statisch geformt.

Nachteile
Hierarchische Struktur.
Kein Applikationsgedanke: zentrale Verwaltung z.B. von Stammdaten fehlt, keine Konsistenzprüfung möglich (was passiert bei Ausscheiden eines Mitarbeiters)?
„Followed Links" werden nicht vermerkt. Der Benutzer fragt sich bei so einer Fülle von Informationen in verschiedenen Sichten oft, ob er sie bereits gelesen hat oder nicht. Die „Unread Marks" von Notes erfüllen den Zweck nicht: Sie werden als „What's New" Indikator benutzt und nicht als „Ever Followed" Indikator.

LITERATURVERZEICHNIS

[AND96]   Anderson, M; Popkin, J. „Intranet Strategic Deployment - Building on IDM". *GartnerGroup: Office Information Systems (OIS)* (20. August 1996).

[BAI95]   Bair, J; Lett, B. „Choosing Information-Retrieval Systems to Find Digital Information". *GartnerGroup: Office Information Systems (OIS)* (27. November 1995).

[BAI96]   Bair, J; Lett, B. „Enterprise Information Retrieval Using the Web". *GartnerGroup: Office Information Systems (OIS)* (28. Oktober 1996).

[BAI97a]   Bair, J. „Web Information Retrieval: Answers form Humans!". *GartnerGroup: Office Information Systems (OIS)* (25. April 1997).

[BAI97b]   Bair, J. „Six Steps to Implement Knowledge Retrieval Technology". *GartnerGroup: Office Information Systems (OIS)* (22. Mai 1997).

[BAL97]   Balmer, J. „Intranet Tales From the Trenches: Revealing Hidden Costs". *GartnerGroup: Integrated Document & Output Management (IDOM)* (18. März 1997).

[BAU97]   Balmer, J; Austin T. „Groupware and Intranets Q&A". *GartnerGroup: Office Information Systems (OIS)* (28. April 1997).

[BAW95]   Bair, J; Whitten, D. „Information Retrieval in the Office: Key Issues for 1995". *GartnerGroup: Office Information Systems (OIS)* (24. Mai 1995).

[BEN97]   Benson, Allen; Dwight, Deugo. „Singleton". *Java Report* Januar (1997): 76-79.

[BIS95]   Biskup, Joachim. *Grundlagen von Informationssystemen.* Braunschweig, Wiesbaden: Vieweg Verlag, 1995.

[BOO94]   Booch, Grady. *Object-Oriented Analysis and Design with Applications.* 2nd Edition. Redwood City: The Benjamin / Cummings Publishing Company, 1994.

[BOY97]   Boyle, James. „A Blueprint for Managing Documents". *BYTE* Mai (1997): 75-80.

[BRE96]   Brethenoux, E. „Key Issues in Application Futures and Data Mining". *GartnerGroup: Advanced Technologies & Applications (ATA)* (23. Dezember 1996).

[BRE97]   Brethenoux, E; Bair J. „Evolution of Knowledge Management: Three Dimensions". *GartnerGroup: Intranets & Electronic Workplace (IEW)* (21. August 1997).

[BRU92]   Bruce, Thomas A. *Designing Quality Databases with IDEF1X Information Models.* New York: Dorset House Publishing, 1992.

[BUE94]   Bues, Manfred. *Offene Systeme: Strategien, Konzepte und Techniken für das Informationsmanagement.* Berlin et. al.: Springer Verlag, 1994.

[CAT97]   Cattell, Rick G. G. et al. *The Object Database Standard: ODMG 2.0.* San Francisco: Morgan Kaufmann Publishing, 1997.

[COO96]   Cooper, Michael D. *Design of Library Automation Systems: File Structures, Data Structures, and Tools*. New York et. al.: Wiley Computer Publishing, 1996.

[CHU97]   Chuck, Patrick. „Internet vs. Intranet". *UNIX Review* März (1997): 37-44.

[CRO96]   Crowe, Malcom; Beeby, Richard; Gammack, John. „Constructing Systems and Information: a Process View". *The McGraw-Hill Information Systems, Management and Strategy Series*. Hg. Jayaratna, Nimal. London et. al.: The McGraw-Hill Companies, 1996.

[DRE97]   Dresner, H. „Eliminating the Fact Gap Through Information Quality". *GartnerGroup: Office Information Systems (OIS)* (26. Februar 1997).

[ENG89]   Engesser, Hermann [Hrsg.]; Volker, Claus [Bearb.]. *„ Duden 'Informatik': Ein Sachlexikon für Studium und Praxis"*. Hg. Lektorat des B.I.-Wissenschaftsverlags. Mannheim, Wien, Zürich: Dudenverlag, 1989.

[FEH96]   Fenn, J; Herschel, G; Latham, L. „Advanced Technology Survey: Taking Stock of Technology Management, Part 1". *GartnerGroup: Advanced Technologies & Applications (ATA)* (7. März 1996).

[FEN96]   Fenn, J; Stear E. „Knowledge Management Defined for IRCs". *GartnerGroup: Information Resource Center Management (IRCM)* (8. November 1996).

[FEN97]   Fenn, J. „Knowledge Management Technologies". *GartnerGroup: Advanced Technologies & Applications (ATA)* (20. Juni 1997).

[FLA96]   Flanagan, David. *Java in a Nutshell: A Desktop Quick Reference for Java Programmers*. Bonn et. al.: O'Reilly & Associates, 1996.

[FOR94]   Ford, Nigel. „User Interfaces: Adapting to Individual Differnces". *Changing Patterns of Online Information: UKOLUG State-of-the-Art Conference 1994*. Hg. Armstrong C.J; Hartley, R.J. Oxford: Learned Information Ltd on behalf of UKOLUG, 1994.

[FUH95]   Fuhr, Norbert. „Modelling Hypermedia Retrieval in Datalog". *Hypertext - Information Retrieval - Multimedia: Synergieeffekte elektronischer Informationssysteme*. Hg. Kuhlen, Rainer; Rittberger, Marc. Konstanz: Universitätsverlag Konstanz GmbH, 1995.

[FUL97]   Fulcrum Technologies Inc. *Fulcrum® Knowledge Network*. Broschüre der Fulcrum Technologies Inc., 1997.

[GAM94]   Gamma, Erich; Helm, Richard; Johnson, Ralph; Vlissides, John. *Design Patterns: Elements of Reusable Object-Oriented Software*. Reading et. al.: Addison-Wesley Publishing Company, 1994.

[GIL94]   Gilula, Mikhail M. *The Set Model For Database And Information Systems*. Reading et. al.: Addison-Wesley Publishing Company, 1994.

[HIL96]   Hills, Mellanie. *Intranet Business Strategies*. New York et. al.: Wiley Computer Publishing, 1996.

[HIR95]   Hirschheim, Rudy; Klein, Heinz K; Lyytinen, Kalle. *Information Systems Development And Data Modeling.* Cambridge: Cambridge University Press, 1995.

[HOF96]   Hoff, Arthur van; Shaio, Sami; Starbuck, Orca. *Hooked on Java™: Creating Hot Web Sites with Java Applets.* Reading et. al.: Addison-Wesley Publishing Company, 1996.

[IBM96]   International Business Machines Corporation. *Information Framework (IFW) Reference Volumes Financial Services Object Model.* A Financial Applications Architecture (FAA) Publication, 1996.

[INM95]   Inmon, W. H. *What is a Data Warehouse?.* World Wide Web: http://www.cait.wustl.edu/papers/prism/vol1_no1/, 1995.

[KIR97]   Kirwin, K. „Redefining the Knowledge Worker: Matching Tools to the Job". *GartnerGroup: InSide Gartner Group This Week (IGG)* (23. Juli 1997).

[KLE95]   Kleinberg, K. „OO-Modeling Tools for BPR: What? No Business Analysis". *GartnerGroup:Business Process Re-engineering (BPR)* (27. Dezember 1995).

[KNO97]   Knox, R. „Corporate Publishing Extends IDOM Suites, Part 1-3". *GartnerGroup: Integrated Document & Output Management (IDOM)* (22. April 1997).

[KOS96]   Kossel, Axel. „Hausmannskost: Wie die Softwareindustrie das Intranet schmackhaft machen will". *c't* Oktober (1996): 298-300.

[KRI97]   Kriha, Walter; Sutter, Cristoph. *„FISH: a Flexible Information System for Hypermedia".* White Paper for Systor internal use (18. März 1997).

[LEH91]   Lehert, Susanne; Moeller, Eckhard. „Data and Information Modelling: Proceedings of the BERKOM Workshop in Höchst-Annelsbach / Odenwald 9.-13. July 1990". *Berichte der Gesellschaft für Mathematik und Datenverarbeitung; Nr. 196.* Hg. Lehnert, Susanne; Moeller Eckhard. München, Wien, Oldenbourg: R. Oldenbourg Verlag, 1991.

[LIF94]   Liff, Sonia; Scarbrough, Harry. „Creating a knowledge database - operationalising the vision or compromising the concept?". *The Management of Information and Communication Technologies: Emerging Patterns of Control.* Hg. Mansell, Robin. London: Aslib, The Association for Information Management, 1994.

[LOU97]   Loureiro K; Wallace, L; Blechar, M. „Choosing the Right Repository: Functionality Criteria". *GartnerGroup: Applications Development & Management Strategies (ADM)* (16. Juli 1997).

[MUR96]   Murray, William H; Pappas, Chris H. *Visual J++.* Düsseldorf et. al.: SYBEX-Verlag, 1996.

[OBJ97a]   Object Database Management Group. *ODMG 2.0 Standard Published: New Java Binding Receives Broad Support.* World Wide Web: http://www.odmg.org/pressroom/pressreleases/odmg20.htm, 29. Juli 1997.

[OBJ97b]   Object Database Management Group. *Standard Overview.* World Wide Web: http://www.odmg.org/standard/standardoverview.htm, 28. Mai 1997.

[PIS93]   Pissinou, Niki; Makki, Kia. „A Framework for Temporal Object Databases". *Information and Knowledge Management: Expanding the Definition of 'Database'.* Hg. Finin, Thimothy W; Nicholas, Charles K; Yesha, Yelena. Berlin et. al.: Springer Verlag, 1993.

[POE97a]   POET Software Corporation. *POET Generic Programming Guide.* World Wide Web: http://www.poet.com/meta/splash.htm, 17. September 1997.

[POE97b]   POET Software Corporation. *POET Java SDK.* World Wide Web: http://www.poet.com/java_sdk_data.htm, 17. September 1997.

[POE97c]   POET Software Corporation. *POET Java SDK: Programmer's Guide.* POET, 28. August 1997.

[POE97d]   POET Software Corporation. *POET Software: A Partner in Java.* World Wide Web: http://www.poet.com/partnerprg/javapartner.htm, 17. September 1997.

[POE97e]   POET Software Corporation. *POET Software: Products, Services and Support.* World Wide Web: http://www.poet.com/products.htm, 17. September 1997.

[POE97f]   POET Software Corporation. *POET SQL Object Factory.* World Wide Web: http://www.poet.com/sql_tech_over.htm, 18. Februar 1997.

[POE97g]   POET Software Corporation. *POET Web Factory.* World Wide Web: http://www.poet.com/moreimp.htm, 17. September 1997.

[POE97h]   POET Software Corporation. *POET Wildflower.* World Wide Web: http://www.poet.com/wildflower.htm , 24. April 1997.

[POU97]   Pountain, Dick. „Of Teams and Components". *BYTE* Mai (1997): 15-22.

[POP97]   Popkin, J. „10 Ways to Waste Time on Document Management, Part 1 & 2". *GartnerGroup: Integrated Document & Output Management (IDOM)* (26. Februar 1997).

[RAT95]   Rath, Hans Holger. „Spezifikation von strukturierenden Hypermedia-Dokumenten auf der Basis von SGML und HyTime". *Hypertext - Information Retrieval - Multimedia: Synergieeffekte elektronischer Informationssysteme.* Hg. Hochschulverband für Informationswissenschaft (HI) e.V. Konstanz: Universitätsverlag Konstanz GmbH, 1995.

[RIZ96]   Rizzo, John. „Intranet 101". *Computer Currents* 4. Februar (1997): 45-58.

[ROB96]   Roberts, Bill. „Groupwar Strategies". *BYTE* Juli (1996): 68-78.

[ROS95]   Rosser, W. „Architectural Futures: Enterprise Knowledge Architecture". *GartnerGroup: Industry Service (IS)* (8. September 1995).

[SAV93]   Savolainen, Vesa. „Evaluatory Comparison of IS and ISD Reference Frameworks" *Information Modelling and Knowledge Bases IV: Concepts, Methods and Systems.* Hg. Kangassalo, Hannu et. al. Amsterdam et. al.: IOS Press, 1993.

[STE96]   Stear, E; Wecksell, J. „The Information Resource Center in 2001". *GartnerGroup: Monthly Research Review (MRR)* (1. Oktober 1996).

[WEB96]   Weber, Volker. „TANSTAAFL - Groupware oder Intranet". *c't* Oktober (1996): 318-330.

[WEI97] Weiss, Scott. *Glossary for Information Retrieval.* The Johns Hopkins University. World Wide Web: http://www.cs.jhu.edu/~weiss/ir.html, 1997.

[WHA97] Whatis.com Inc. *Whatis.com Home Page.* World Wide Web: http://www.whatis.com/nfindex.htm, 1997.

[WIJ95] Wijers, Gerard M. *Modelling Support in Information Systems Development.* Amsterdam: Thesis Publishers Amsterdam, 1991.

[WOR97] The WordNet Lexical Database. *WordNet 1.5 Vocabulary Helper.* Princeton University. World Wide Web: http://www.notredame.ac.jp/cgi-bin/wn.cgi, 1997.

Diplomarbeiten Agentur

Die Diplomarbeiten Agentur vermarktet seit 1996 erfolgreich Wirtschaftsstudien, Diplomarbeiten, Magisterarbeiten, Dissertationen und andere Studienabschlußarbeiten aller Fachbereiche und Hochschulen.

Seriosität, Professionalität und Exklusivität prägen unsere Leistungen:

- Kostenlose Aufnahme der Arbeiten in unser Lieferprogramm
- Faire Beteiligung an den Verkaufserlösen
- Autorinnen und Autoren können den Verkaufspreis selber festlegen
- Effizientes Marketing über viele Distributionskanäle
- Präsenz im Internet unter **http://www.diplom.de**
- Umfangreiches Angebot von mehreren tausend Arbeiten
- Großer Bekanntheitsgrad durch Fernsehen, Hörfunk und Printmedien

Setzen Sie sich mit uns in Verbindung:

Diplomarbeiten Agentur
Dipl. Kfm. Dipl. Hdl. Björn Bedey —
Dipl. Wi.-Ing. Martin Haschke ——
und Guido Meyer GbR ————

Hermannstal 119 k ————
22119 Hamburg ————

Fon: 040 / 655 99 20 ————
Fax: 040 / 655 99 222 ————

agentur@diplom.de ————
www.diplom.de ————